职业院校学前教育专业"十四五"系列教材

幼儿园多媒体课件制作

主　编　王雪芳
副主编　刘正艳

华中科技大学出版社
http://www.hustp.com
中国·武汉

图书在版编目(CIP)数据

幼儿园多媒体课件制作/王雪芳主编. —武汉：华中科技大学出版社，2022.4(2023.7重印)
ISBN 978-7-5680-6359-3

Ⅰ.①幼⋯　Ⅱ.①王⋯　Ⅲ.①幼儿园-多媒体课件-制作-高等职业教育-教材　Ⅳ.①G436

中国版本图书馆 CIP 数据核字(2022)第 059046 号

幼儿园多媒体课件制作
You'eryuan Duomeiti Kejian Zhizuo

王雪芳　主编

策划编辑：袁　冲
责任编辑：段亚萍
封面设计：孢　子
责任监印：朱　玢

出版发行：华中科技大学出版社(中国·武汉)　　电话：(027)81321913
　　　　　武汉市东湖新技术开发区华工科技园　　邮编：430223
录　　排：武汉创易图文工作室
印　　刷：武汉市籍缘印刷厂
开　　本：787mm×1092mm　1/16
印　　张：9.75
字　　数：253 千字
版　　次：2023 年 7 月第 1 版第 2 次印刷
定　　价：38.00 元

本书若有印装质量问题，请向出版社营销中心调换
全国免费服务热线：400-6679-118　竭诚为您服务
版权所有　侵权必究

序言

随着信息技术的快速发展,教育信息化进程不断加快,对幼儿园教师的信息素养要求也越来越高。《幼儿园教师专业标准(试行)》要求幼儿园教师具有一定的现代信息技术知识。《学前教育专业师范生教师职业能力标准(试行)》明确提出:"了解信息时代对人才培养的新要求,掌握一定的现代信息技术知识,具有安全、合法与负责任地使用信息与技术的意识。"为检验学生适岗综合能力,全国职业院校技能大赛(高职组)学前教育专业教育技能赛项的规程中明确提出:"学前教师的专业基本功不仅是能弹会唱,能说会跳,还要具有扎实的专业理论知识和职业道德素养,具备教育活动设计能力、观察能力、分析能力、评价能力、信息化教学能力以及创新能力等。"幼儿园保教活动课件制作是其中一个重要比赛项目,要求学生运用现代教育信息技术手段,制作保教活动辅助课件。为更好地促进课—岗—赛的融通,萌生了编写本教材的想法。在"三教"改革思想的指引下,总结多年的授课、指导学生参赛的经验,系统梳理课程内容,编写了这本教材。

本教材立足于高等职业院校学前教育专业人才培养目标,遵循学生认知规律,将理论与实践有机结合,让学生在做中学、学而思,逐渐掌握制作幼儿园保教活动课件的能力。基本理论以阐述基本问题为主,以够用、实用为度;技能操作具有难易适度、便于操作的特点,沿着基本操作、核心功能、综合运用的思路徐徐展开。本教材在内容和体例的编排上力求有一定的创新,以模块、项目、任务的模式编写。其中模块二、模块三、模块四的单个任务基本上对应2课时教学内容,与课程教学安排吻合度较高,便于教师安排教学进程和学生自主学习。模块设有学习目标、案例导入、基础知识、实践活动、内容导图、同步练习等几个部分,既保证了理论知识与专业技能有机统一,又有利于提升学生的综合实践能力。

全书共分为四个模块,以演示型课件制作为主线,分别介绍了幼儿园多媒体课件制作的基本理论、演示型课件制作常用软件、多媒体课件素材制作和幼儿园教育活动课件设计与制作。模块二重点介绍了 PowerPoint 2016 和 Focusky 两款软件的基本操作,让学生初步具备制作多媒体课件的能力。在介绍 PowerPoint 2016 时,重点突出了母版设计与动画制作,让学生学会根据主题设计母版,结合教学内容设计动画,以初步具备参加全国职业院校技能大赛的能力。模块三介绍了文本、图形、图像、声音、视频和动画等素材设计与制作的常用软件及操作方法。模块四按照全国职业院校技能大赛幼儿园保教活动课件制作项目的要求,分别从艺术性和教育性的角度进行介绍,让学生灵活运用演示型课件制作软件和丰富多样的素材制作富有童趣的幼儿园教育活动课件。

  本教材由湖北职业技术学院王雪芳担任主编,负责全书的框架搭建、主要内容编写和统稿工作,由铜仁幼儿师范高等专科学校刘正艳担任副主编。编写分工如下:模块一、模块三和模块四由王雪芳编写;模块二由刘正艳编写。本教材通俗易懂,注重实用性、可操作性,既可以作为学前教育专业学生保教活动课件制作教学配套教材,也可作为幼儿园教师信息化教学能力培训教材。

  由于编者的能力有限,加之时间仓促,书稿中难免存在不妥之处,望广大读者批评指正。

编者
2022 年 1 月

目录
Contents

模块一　幼儿园多媒体课件制作概述/1

项目一　教育技术概述/4

　　任务一　教育技术的起源与发展/4

　　任务二　教育信息化/7

　　任务三　多媒体技术/9

项目二　幼儿园多媒体课件制作理论基础/11

　　任务一　多元智能理论/11

　　任务二　行为主义理论/12

　　任务三　认知主义理论/13

　　任务四　建构主义理论/14

项目三　幼儿园多媒体课件设计与制作的过程与方法/16

　　任务一　幼儿园多媒体课件设计与制作的过程/16

　　任务二　幼儿园多媒体课件设计与制作常用软件/17

项目四　幼儿园多媒体课件的评价/19

　　任务一　幼儿园多媒体课件评价的标准/19

　　任务二　幼儿园多媒体课件评价的方法/20

模块二　演示型课件制作软件/23

项目五　PowerPoint 2016软件安装与常用操作/25

　　任务一　软件安装与界面介绍/25

　　任务二　母版设计/35

　　任务三　动画制作与幻灯片切换/39

项目六　Focusky软件安装与界面介绍/50

　　任务一　Focusky软件下载与安装/50

　　任务二　界面介绍与课件制作/53

模块三　多媒体课件素材制作/65

　项目七　文本编排及文字效果/67

　　任务一　文本编排/67

　　任务二　文字效果/69

　项目八　图形素材设计/72

　　任务一　线条/72

　　任务二　其他图形/73

　项目九　图像素材处理/76

　　任务一　图像大小调整/76

　　任务二　图像色彩调整/78

　　任务三　图像的选择/80

　项目十　声音、视频素材处理/89

　　任务一　音频素材处理/89

　　任务二　视频素材处理/92

　项目十一　动画素材设计/98

　　任务一　认识 Flash CS6/98

　　任务二　逐帧动画/99

　　任务三　补间动画/101

模块四　幼儿园教育活动课件设计与制作/105

　项目十二　幻灯片版式设计/108

　　任务一　平面构图/108

　　任务二　色彩搭配/121

　项目十三　幼儿园教育活动课件制作/128

　　任务一　幼儿园教育活动课件的内容选择/128

　　任务二　幼儿园教育活动课件的互动方式/130

　　任务三　演示型课件制作流程/132

　项目十四　幼儿园多媒体课件的应用/137

　项目十五　优秀作品展示/146

参考文献/148

模块一 幼儿园多媒体课件制作概述

学习目标

1. 领会教育技术的价值,喜欢使用教育技术辅助幼儿园保教活动实施。
2. 涵养热爱美、追求美的情感与热情。

知识目标

1. 理解学前教育心理学基本理论。
2. 了解课件设计与制作的基本过程。
3. 了解课件设计与制作常用软件的特点。
4. 掌握幼儿园多媒体课件评价的标准。

能力目标

1. 能依据学前教育心理学基本原理设计幼儿园保教活动。
2. 能独立制作简单且完整的幼儿园多媒体课件。
3. 运用幼儿园多媒体课件评价标准对课件进行专业性评价。

案例导入

2019年全国职业院校技能大赛(高职组)
"学前教育专业教育技能"赛项赛卷——课件制作

1. 赛卷序号:第01卷。
2. 题目:主题活动——叶子。
3. 内容:"片段教学"课件制作。
4. 基本要求:

(1)内容要求:根据给定的素材包中的素材,完成"片段教学"课件设计,内容相对完整;PPT首页注明"片段教学"的内容主题、适用年龄段及活动领域。

(2)技术要求:利用给定的素材包中的素材,适当处理文字、图片、声音、视频等素材,合理运用超链接、切换、动画效果等技术,操作简便,运行稳定。

(3)课件效果:形象、直观,能服务于"片段教学"所需,以及符合所注明的年龄段及活动领域。

(4)课件制作在60分钟内完成。

附:

主题:叶子。

树叶是城乡孩子最常见的自然物,从南到北,树的种类有许多,唾手可得的树叶其形状、色彩、纹理各异,其中还蕴藏着树木自然生长、四季更迭交替等秘密。与此同时,叶子飘落的动感与幼儿跃动的心灵天然契合,丰富多样的叶子又给幼儿提供了探索、发现、表达的广阔空间。因此,教师借助"叶子"这一媒介,能有效地激发幼儿亲近自然、探究自然的欲望。

本课件素材包括:

(1)图片素材:主要有不同外形的叶子图片以及课件相关场景参考图片等100余张。

(2)音频素材:幼儿歌曲《小树叶》《树叶娃娃》、语言故事《小树叶》、语言儿歌《树叶歌》等及辅助声音素材。

(3)视频素材:《为什么植物需要光合作用》《叶子的形态是怎么与功能相适应的》《叶子是绿色的》。

(4)文本素材:《叶子的基本资料》《叶子的常见种类和形态》以及幼儿歌曲、故事和儿歌等参考文本资料。

项目一 教育技术概述

教育技术是人类在教育教学活动中所运用的一切物质工具、方法技能和知识经验的综合体,主要包含有形技术(物化形态)和无形技术(观念形态)两大类。有形技术是指在教育教学活动中所运用的物质工具,主要通过黑板、粉笔等传统教具,或者幻灯机、投影仪、电视、计算机、网络、卫星等各种教育教学媒体表现出来。无形技术既包括在解决教育教学问题过程中所运用的方法、技巧、策略,又包括其中所蕴含的教学思想和教学理论等。通常认为,有形技术是教育技术的依托,无形技术是教育技术的灵魂。

任务一 教育技术的起源与发展

一、国外教育技术的起源与发展

教育技术起源于西方国家,它的产生与发展和媒体及其传播技术的发展是密不可分的。早期的教育技术仅着眼于媒体作为一种辅助性手段在教学中的应用,人们通常称之为视听教学。早在17世纪约翰·夸美纽斯就提出应当运用实物和图形来补充口语和书面教学,应通过感官来学习知识的思想。教育技术学兴起于20世纪60年代,以电化教育为主,把系统论、信息论、控制论等系统科学的理论方法引进来,在系统科学的指引下,将教育学理论用于指导教育实践,在创设情境、教学方法选择、教学策略设计等方面取得了明显的进展。到了20世纪80年代末90年代初,教育技术学科开始发展,随着多媒体技术和网络的普及,信息技术逐渐取代原来的计算机教育应用,取代CAI,使多媒体进入教学。21世纪新兴信息技术(以大数据、云计算、人工智能、"互联网+"为代表)发展起来后,信息技术与学科教学深度融合成为颇具特色的教育技术内涵特征。总体而言,教育技术的发展经历了萌芽、起步、迅速发展、系统发展和网络发展等几个阶段(见表1-1),每个发展阶段都是以不同媒体的介入为代表,并在相应阶段引入相关的理论基础。

表1-1 国外教育技术发展历程

发展阶段	时间	媒体介入	理论基础
萌芽阶段	19世纪末	幻灯机	班级教学理论
起步阶段	20世纪初至20世纪30年代	无声电影、录音机、广播等	视听教学理论

续表

发展阶段	时　　间	媒体介入	理论基础
迅速发展阶段	20世纪30—60年代	有声电影、电视、程序教学机	经验之塔、行为主义理论、程序教学理论
系统发展阶段	20世纪60—80年代	计算机、卫星、闭路电视	系统论、传播理论、心理学等
网络发展阶段	20世纪90年代至今	多媒体技术、互联网	建构主义学习理论、绩效理论、认知心理学、行为心理学、社会心理学等

二、我国教育技术的起源与发展

我国的现代教育技术，或者说电化教育，萌芽于20世纪20年代，正式起步于30年代，到现在已经有了80多年的历史。80多年来，我国的现代教育技术（电化教育）大致经历了两个发展阶段：视听教育阶段和信息化教育阶段。

（一）视听教育阶段

20世纪30年代到70年代，是视听教育发展的前期阶段。在这个阶段，进入教育教学领域的新技术媒体，有幻灯机、投影仪、广播、录音、电影等。伴随着新技术媒体进入教育教学领域的新理论，主要有夸美纽斯的直观教学理论和戴尔的经验之塔理论。这一发展时期的基本特征是：幻灯机、投影仪、录音、电影等开始进入高等学校和城市中小学。人们关注的热点是电教设备设施的建设和在高等学校开设电化教育基础课。1964年，高等教育部批准在上海外国语学院建造了我国的第一个电化教学大楼。1951年秋，肖树滋在北京辅仁大学教育系开设"电化教育概论"选修课，北京辅仁大学是新中国成立后第一个开设电教课的院校。这是这个时期的基本情况。

20世纪80年代到90年代前期，是视听教育发展的后期阶段。在这个阶段，进入教育教学领域的新技术媒体，除了幻灯机、投影仪、广播、录音、电影之外，又有了电视录像、计算机辅助教学系统、卫星电视系统等。其中，电视、录像发展较快，并显示了其对提高教学效果的作用，成为这个阶段的主流媒体；计算机虽已进入教学领域，但影响不大。随着新技术媒体进入教育教学领域的新理论主要有行为主义学习理论和香农等的传播理论。这个发展阶段，人们关注的热点是电教系统工程建设、现代教材体系建设、开设计算机课，举办电教专业，开展电教实验，也受到越来越多人的关注，开始成为热点。

1. 电教系统工程建设

电教系统工程建设即"八室一站三系统"的建设。"八室"，就是普通电教室、多媒体综合电教室、语言实验室、计算机室、学科专用电教室、微型电教室、视听阅览室、电教教材库。"一站"，就是卫星地面接收站。"三系统"，就是广播系统、闭路电视系统、计算机网络系统。

2. 现代教材体系建设

现代教材体系由两个系统所组成：一个是书本教材系统，或者说文字教材系统、印刷教材系统，包括教科书、讲义、教学指导书、学习指导书、习题集、实验实习指南等；另一个系统是非书教材系统,也叫作音像教材系统、视听教材系统,包括幻灯、录音、投影、电影、电视、唱盘、计算机课件等。两个教材系统都是按照同一个教学大纲来编制的,也是为同一个教育目的服务的。现代教材体系的特点有两个,一是成套化、系列化,二是多媒体化。现代教材体系的最终形态是教材箱和学习包。

3. 开设计算机课

1981年,在瑞士洛桑举行的第三次世界计算机教育大会上,苏联学者伊尔肖夫首先提出了这样一个观点:"计算机程序设计语言是第二文化。"当时这个观点的提出得到了出席会议的大多数专家,包括我国出席会议的专家的支持和认同。1982年,我国教育部根据专家们的建议,决定在清华大学、北京大学、北京师范大学等五所高校的附属中学开设计算机选修课。这是我国中小学计算机教育的起源,也可以说是我国教育信息化的开端。1984年,邓小平同志在上海视察中国福利会儿童计算机活动中心时指示:计算机的普及要从娃娃做起。从此之后,开设计算机课的学校,就越来越多。开课年级,从高中、初中到小学;课程形式从选修课到必修课;课程内容,最早是程序设计,后来增加了应用软件的操作与应用;开课目的,让学生学习、掌握计算机基础知识、基本技能。

进入新世纪后,计算机课改为信息技术课。改名以后,教学目的和内容都有了变化。从历史上看,计算机教育的发展大致经历了两个时期:一是为计算机而教育的时期,计算机是学习的对象;二是,为教育而使用计算机的时期,计算机是学与教的手段。20世纪90年代后,PC进入教学领域,作为一种辅助手段,CAI出现了,使计算机教育进入了一个新的发展时期:为教育而使用计算机的时期。

4. 举办电化教育专业

新中国成立后,我国高等学校举办电化教育专业是从1983年开始的,1993年改名为教育技术学专业。1983年,西北师范大学等多所院校举办了电化教育专科,学制二到三年。1983年,华南师范大学举办了我国第一个电化教育本科专业,学制四年。1986年起,我国开始举办研究生层次的电化教育专业。1986年,北京师范大学、河北大学、华南师范大学最先设立了电化教育硕士点,学制三年。1993年,北京师范大学最先设立教育技术学博士点,学制三年。进入新世纪后,我国教育技术学专业得到了飞速发展。据不完全统计,目前我国举办教育技术学专业的高等学校有240多所,包括专科、本科和研究生三个层次,研究生层次包括硕士、博士。我国的教育技术学专业是多层次、多方向、多性质的,这在国外也是罕有的。

5. 开展电化教育实验

20世纪90年代,我国进行了著名的五大电化教育实验,对促进我国教育深化改革与发展产生了深远的影响。这五大实验是:"电化教育促进中小学教学优化"(1991年)、"小学语文'四结合'教学改革实验"(1994年)、"电化教育促进中小学由'应试教育'转向素质教育的实验研究"(1997年)、"全国一千所中小学现代教育技术实验学校教改实验"(1998年)、"高等学校课程电化教育实验"(1991年)。

(二)信息化教育阶段

20世纪80年代到90年代前期,是视听教育发展的后期阶段,也是信息化教育的萌芽、起步阶段,是从视听教育到信息化教育的过渡阶段。

1982年,教育部决定在清华大学等五所高等院校的附属中学开设计算机选修课,这是我国中小学计算机教育的起源,这也可以说是我国信息化教育的开端。20世纪90年代后期到21世纪头10年,是信息化教育正式起步和迅速发展阶段。我国的信息化教育,萌芽于20世纪80年代,90年代后期正式起步,进入新世纪后得到了迅速发展。在这个阶段,新媒体的介入,主要有多媒体计算机、因特网和校园网。随着新媒体的介入,进入教育教学领域的新理论主要有建构主义学习理论和加涅的学习理论。这个阶段的基本特征是网络教育的兴起。网络教育基础的"三建"(建网、建库、建队伍)和网络教学模式的探索,以及信息技术与课程教学整合,是这个阶段的几个热点。

三、从技术的角度看教育技术的发展

由于教育技术的发展起源于技术在教育中的运用,所以可根据技术发展的三个阶段将教育技术的发展也划分为三个阶段,即以手工技术为基础的教育技术阶段、以机械和电气技术为基础的教育技术阶段和以信息技术为基础的教育技术阶段,并根据各个阶段的特点分别简称为传统教育技术、视听媒体教育技术和信息化教育技术。教育技术的两个发展方向和三个发展阶段构成了教育技术发展的"2×3"模型(见表1-2)。

表1-2 教育技术发展的"2×3"模型

技术特征	发展阶段		
	传统教育技术 (手工技术时代)	视听媒体教育技术 (机械和电气技术时代)	信息化教育技术 (信息技术时代)
物化形态的技术	竹简、粉笔、黑板、印刷术、实物、模型	幻灯、投影、广播、电影、电视、录像、卫星电视、教学机器	多媒体、计算机、人工智能、校园网、因特网、虚拟现实等以数字化为标志的技术
观念形态的技术	口耳相传、诡辩术、讲演术、启发式教学、苏格拉底产婆术、直观教学法	经验之塔、教育目标分类、标准参照评价、程序教学、系统方法、先行组织者理论、基于行为主义的教学设计	网络课程开发理论、基于认知理论的教学设计、基于建构理论的教学设计、知识管理技术、绩效技术

 # 任务二 教育信息化

一、教育信息化的内涵及发展

《教育信息化2.0行动计划》指出:教育信息化是教育现代化的基本内涵和显著特征,是"教育现代化2035"的重点内容和重要标志。教育信息化具有突破时空限制、快速复制传播、呈现手段丰富的独特优势,必将成为促进教育公平、提高教育质量的有效手段,必将成为构建泛在学习环境、实现全民终身学习的有力支撑,必将带来教育科学决策和综合治理能力的大幅提高。以教育信息化支撑引领教育现代化,是新时代我国教育改革发展的战略选择,对于构建教育强国和人力资源强国具有重要意义。

我国教育信息化发展,大致分为三个阶段,每个阶段都有其各自的特征、主流媒体、主导理论和研究热点,如表1-3所示。

表1-3 我国教育信息化发展的三个阶段

阶 段	萌芽起步(从无到有)	初期发展(从小到大)	深入发展(从大到强)
时间	20世纪80年代—90年代后期	2000—2009年	2010—2020年
基本特征	计算机教育的兴起	网络教育的兴起	普适计算的兴起
主流媒体	PC	多媒体计算机、因特网	电子书包、移动无线设备
主导理论	行为主义学习理论	建构主义学习理论	混合学习理论
热点	教学计算机、计算机辅助教学	建网建库建队伍、网络教学模式	泛在学习、非正式学习

普适计算(ubiquitous computing)是指一种新的学习环境,由无线网络、移动无线设备、因特网、社会性软件工具(博客、Wiki、播客、社会书签以及图片、视频共享网站)等组成。学生置身其中,可以随时随地使用多样的数字设备,包括使用计算机和移动设备,进行学习。

泛在学习:是指主要依托移动学习终端(如智能手机等)随时随地进行学习的一种新的学习方式。

非正式学习:是指在课堂之外的,通过博客、虚拟社区、CSCL、移动学习网站、电子图书馆、电子博物馆,以及教育游戏等获得知识、技能的学习。

混合学习理论(blending learning):是指把传统学习方式的优势和数字化学习的优势结合起来,使两者优势互补,获得最佳的学习效果。

二、信息技术及其在教育领域的应用

南国农认为,信息技术是指对信息的采集、加工、存储、交流、应用的手段和方法的体系,包括视听技术、计算机技术、整合技术等。它的内涵包括两个方面:一是手段,即各种信息媒体,如印刷媒体、电子媒体、计算机网络等,是一种物化形态的技术;二是方法,即运用信息媒体对各种信息进行采集、加工、存储、交流、应用的方法,是一种智能形态的技术。

信息技术应用能力是新时代高素质教师的核心素养。2013年以来,通过实施全国中小学教师信息技术应用能力提升工程,教师应用信息技术改进教育教学的意识和能力普遍提高,但仍然存在着信息化教学创新能力不足,乡村教师应用能力薄弱,支持服务体系不够健全等问题,同时大数据、人工智能等新技术变革对教师信息素养提出了新要求。为深入贯彻习近平新时代中国特色社会主义思想和党的十九大精神,全面贯彻落实全国教育大会精神,按照《中共中央 国务院关于全面深化新时代教师队伍建设改革的意见》决策部署,根据《教育信息化2.0行动计划》和《教师教育振兴行动计划(2018—2022年)》总体部署,服务国家"互联网＋"、大数据、人工智能等重大战略,推动教师主动适应信息化、人工智能等新技术变革,积极有效开展教育教学,教育部决定实施全国中小学教师(含幼儿园、普通中小学、中等职业学校)信息技术应用能力提升工程2.0,制定《教育部关于实施全国中小学教师信息技术应用能力提升工程2.0的意见》。意见指出:围绕学科课程标准、专业教学标准,以问题为导向,以专题研修为抓手,推进相关教学设备和学科软件应用,开展教学案例研讨、课堂实录分析等信息化教学校本研修。推动教师应用网络学习空间、教师工作坊、研修社区等,利用线上资源,结合线下研讨,打造"技术创新课堂",提高应用信息技术进行学情分析、教学设计、学法指导和学业评价等的能力,破解教育教学重难点问题,满足学生个性化发展需求,助力学校教学创新。

《幼儿园教师专业标准(试行)》中专业知识维度通识性知识领域第35项基本要求是"具有一定的现代信息技术知识。"

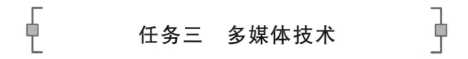

任务三 多媒体技术

一、多媒体技术的概念

1984年,Apple公司引进位图概念来描述和处理图形、图像,并使用窗口、图标构筑用户图形界面,推出Macintosh机,标志着多媒体技术的兴起。此后,多媒体技术的发展体现在多媒体技术产业、基础技术和应用技术的综合发展上。

多媒体技术从不同的角度有着不同的定义。有人定义多媒体计算机是一组硬件和软件设备,结合了各种视觉和听觉媒体,能够产生令人印象深刻的视听效果。在视觉媒体上,包括图形、动画、图像和文字等媒体;在听觉媒体上,则包括语言、立体声响和音乐等媒体。用户可以从多媒体计算机同时接触到各种各样的媒体来源。也有人定义多媒体是"文字、图形、图像以及逻辑分析方法等与视频、音频以及为了知识创建和表达的交互式应用的结合体"。概括起来就是:多媒体技术,即计算机交互式综合处理多媒体信息——文本、图形、图像和声音,使多种信息建立逻辑连接,集成为一个系统并具有交互性。简言之,多媒体技术是利用计算机对数字化的文字、图形、图片、动画、声音以及视频等媒体信息进行处理、分析、传输以及交互性应用的技术。

二、多媒体技术的特征

1. 信息的集成性

传统媒体中不同形式的信息,其载体或呈现方式可能完全不一致,并且不能够随时相互交换。比如,在过去,文字、图像、声音、动态影像的存储介质并不一致,人们用纸张来记载文字或图像,用录音带来记录声音,用电影胶片来同时记录文字、声音和动态影像。这些介质的媒体信息很难进行相互交换,如我们不可能用书籍、杂志、报纸来展现动态的影像或播放声音,也不可能用录音机来播放文字、图像。多媒体技术却能够对信息进行多通道统一获取、存储、组织与合成,简而言之,就是所有的媒体信息在计算机的内部都是以文件的形式存储的,是二进制数据的集合,可以放置到单一的存储介质上,这就是信息的集成性。

2. 信息的多样性

多媒体技术是在单一介质和展示设备上将多种媒体信息以有机的、带有内在逻辑关系的方式同时呈现出来。介质是指信息的存储设备,可以是计算机的硬盘,也可以是光盘或其他存储设备。展示设备就是多媒体计算机或其他互动展示设备,如Pad、手机等。所谓单一性就是只用一种存储介质和一种展示设备就能完成多种信息展示。多种媒体信息通过计算机综合处理,按照人的要求表现出来,同时作用于人的多种感官。

3. 操作的交互性

这是多媒体技术的重要特征，也是其有别于传统信息媒体的主要特点之一。传统信息媒体都是以固定的方式进行展示，信息的传播是单向的，人们接收信息的方式是被动的，而多媒体技术则可以实现人对信息的主动选择和控制，可以创建互动模式，使用不同的操作来得到富有变化的结果，激发人们尝试、探索的欲望。

4. 阅读的非线性

多媒体技术的非线性特点将改变人们循序性的读写模式。新的概念产生后，紧跟着的必然是这个概念的定义。循序性的读写模式可能导致的问题是：遇到不懂而未给出定义的概念，人们不得不停下来去查找该概念的定义；或者是在后面的阅读中遇到前面的概念而又遗忘了该概念的定义时，还要再翻回到前面重新阅读该概念的定义。多媒体技术则借助超文本链接的方法，把内容以一种更灵活、更具变化的方式呈现给读者。

除此之外，多媒体技术还有很多其他特征，比如操作的实时性、结构的动态性和多重信息展示的同步性等。

项目二 幼儿园多媒体课件制作理论基础

幼儿园多媒体课件的设计与制作是一项复杂的创造性劳动,既要了解软件设计与制作规范,也要符合计算机辅助教学环境的需要,保证课件能够顺利地运行,更要遵循幼儿认知发展规律和学前教育基本原理,还要考虑课件的艺术性,使课件具有整洁美观的界面、和谐一致的风格、生动活泼的形式,以提高计算机辅助教学的效果。

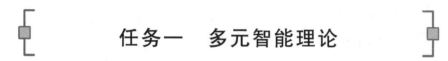

任务一 多元智能理论

美国教育家霍华德·加德纳(Howard Gardner)在1983年出版的专著《智能的结构》中提出了多元智能(the theory of multiple intelligences)这一全新的心理学理论。多元智能理论认为智能是在特定的文化背景下或社会中,解决问题或制造产品的能力。解决问题的能力,就是能够针对某一特定的目标,找到通向这一目标的正确路线。从构思一部小说的结尾到下棋时把对方将死,甚至修补一床棉被,都是生活中需要解决的问题。它还认为智能不是单一的,每个人与生俱来都拥有八又二分之一种以上各自独立存在的智能(2003年4月21日,加德纳教授应邀在美国教育研究协会上发表了演讲《多元智能理论二十年》,不但总结了20年以来他所做的工作,肯定了博物学家智能的存在,还提出存在智能仅仅是可能存在,所以说他至今只承认八又二分之一种智能),只不过每个人的智能强项和弱项各不相同,不同的人在解决问题和制造产品的时候,组合运用这些智能的方式和特点不同。

多元智能理论认为,除遗传因素以外,后天的文化社会环境、受教育经历,对儿童的智能有着重要作用。在每个儿童身上都不同程度地表现出语言智能(linguistic intelligence,指掌握并运用语言、文字的能力)、逻辑-数学智能(logical-mathematical intelligence,指逻辑推理、数学运算以及科学分析方面的能力)、音乐智能(musical intelligence,指感受、欣赏、演奏、歌唱、创作音乐的能力)、身体运动智能(bodily-kinesthetic intelligence,指运用全身或身体的某一部分,解决问题或创造作品的能力)、空间智能(spatial intelligence,指针对所观察的事物,在脑海中形成一个模型或图像从而加以运用的能力)、人际关系智能(interpersonal intelligence,指了解他人、与人合作的能力)、自我认识智能(intrapersonal intelligence,指自知、自处、深入理解自己内心世界的能力)、自然观察智能(naturalist intelligence)和存在智能(existential intelligence)等几种智能。学前教育工作者的工作重点应该是:在日常教学中,通过各种方式认真仔细地了解每位儿童,分析每位儿童的智能特点,根据每位儿童的智能特点,为其创建一个开放的、支持的环境,从而能够发展儿童的智能强项,改进儿童的智能弱项,促进儿童在智力、生理上全面而充分地健康成长。

任务二　行为主义理论

行为主义认为,学习是刺激与反应的联结,有机体接受外界的刺激,然后做出与此相关的反应,这种刺激与反应之间的联结(S-R)就是所谓的学习。早期的行为主义否认内部心理活动的作用,认为心理活动是无法进行研究的,因此被称为"暗箱"。

一、行为主义理论的基本观点

(1)学习是刺激与反应的联结(巴甫洛夫、华生)。
(2)学习是尝试错误的过程(桑代克)。
(3)学习成功的关键依靠强化(斯金纳)。

二、行为主义理论对教育技术的影响

在教育技术领域,斯金纳仍然是最受推崇的学习理论先驱之一。

1. 程序教学对计算机辅助教学的影响

斯金纳认为,只有通过机械装置才能提供必要的、大量的强化刺激。这就是斯金纳设计教学机器、提倡程序教学的主要出发点。程序教学是一种个别化的自动教学的方式,由于经常用机器来进行,也称为"机器教学"。斯金纳提出程序教学的原则是:

(1)积极反应原则。斯金纳认为,传统的课堂教学是教师讲,学生听。学生充当消极的听众角色,没有机会普遍地、经常地做出积极反应。传统的教科书也不给学生提供对每一单元的信息做出积极反应的可能性。程序教学以问题形式向学生呈现知识,学生在学习过程中能通过写、说、运算、选择、比较等做出积极反应,从而提高学习效率。

(2)小步子原则。斯金纳把程序教学的教材分成若干小的、有逻辑顺序的单元,编成程序,后一步的难度略高于前一步。分小步按顺序学习是程序教学的重要原则之一。程序教学的基本过程是:显示问题(第一小步)—学生解答—对回答给予确认—进展到第二小步……如此循序前进,直至完成一个程序。由于知识是逐步呈现的,学生容易理解,因此在整个学习进程中能自始至终充满信心。

(3)即时强化原则。斯金纳认为,在教学过程中应对学生的每个反应立即做出反馈,对行为的即时强化是控制行为的最好方法,能使该行为牢固建立。对学生的反应做出的反馈越快,强化效果就越好。最常用的强化方式是即时知道结果和从一个框面进入下一个框面的活动。这种强化方式能有效地帮助学生提高学习信心。

(4)自定步调原则。每个班级的学生在学习程度上通常都有上、中、下之别。传统教学总是按统一进度进行,很难照顾到学生的个别差异,影响了学生的自由发展。程序教学以学生为中心,鼓励学生按最适宜于自己的速度学习并通过不断强化获得稳步前进的诱因。

(5)低错误率原则。教学机器有记录错误的装置。程序编制者可根据记录了解学生实际水平并修改程序,使之更适合学生程度;又由于教材是按由浅入深、由已知到未知的顺序编制的,学生每次都可能做出正确反应,从而把错误率降到最低限度。斯金纳认为不应让学生在发生错误后再去避免错误,无错误的学习能激发学习积极性,增强记忆,提高效率。

2. 程序教学对教学设计的影响

程序教学建立的一系列学习原则和开发程序教材的系统方法,直接影响了教学设计理论与实践的发展。

 # 任务三　认知主义理论

认知主义理论认为,学习在于内部认知的变化,这是一个远比"刺激-反应"联结要复杂得多的过程。人们注意解释学习行为的中间过程,即目的、意义等,认为这些过程才是控制学习的可变因素。

认知主义理论的主要特点是:重视人在学习活动中的主体价值,充分肯定学生的自觉能动性;强调认知、意义理解、独立思考等意识活动在学习中的重要地位和作用;重视人在学习活动中的准备状态,即一个人学习的效果,不仅取决于外部刺激和个体的主观努力,还取决于一个人已有的知识水平、认知结构、非认知因素。

一、苛勒的顿悟说

(1)学习是组织一种完形,而不是刺激与反应的简单联结。

(2)学习是顿悟,而不是通过尝试错误来实现的。

总之,顿悟说重视的是刺激与反应之间的组织作用,认为这种组织表现为知觉经验中旧的组织结构的豁然改组或新结构的顿悟。

二、布鲁纳的认知发现说

(1)学习是主动地形成认知结构的过程。

(2)强调对学科的基本结构的学习。

(3)通过主动发现形成认知结构。

布鲁纳的认知发现说是值得重视的一种学习理论。认知发现说强调学习的主动性,强调已有认知结构、学习内容的结构、学生独立思考等的作用,它对培养具有创造能力的现代化人才有着积极的意义。

三、加涅的信息加工学习论

1. 信息加工模式

加涅根据信息加工理论提出了学习过程的基本模式,认为学习过程就是一个信息加工的过程,即学生对来自环境刺激的信息进行内在的认知加工的过程,并具体描述了典型的信息加工模式。

2. 信息加工的基本原理

(1)信息流是认知行为的基础。

(2)人类加工信息的容量是有限的。
(3)记忆取决于信息编码。
(4)回忆部分取决于提取线索。

四、认知主义理论对教育技术的影响

加涅的信息加工理论在以下几方面对学习是有启迪的:

(1)刺激选择不是一种随机的过程,因此,不仅要考虑到刺激的特征,而且要关注学习者已有的信息或认知图式(scheme)。

(2)人类记忆加工信息的能量是有限的,如果一味要求学生在短时间内掌握大量的信息,不给他们留有加工或思考的时间,结果必然会像狗熊掰苞米一样,捡一个丢一个。

(3)"组块"理论:为了尽可能使学生在短时间内学习较多的知识,我们必须把知识组织成有意义的块状,减少机械学习。

(4)信息编码不仅有助于学生的理解,而且有助于信息的贮存和提取。教师在帮助学生使用各种策略来编码方面是可以大有作为的。

但是,我们必须看到,信息加工理论中的注意系统、编码系统和记忆系统的分析,是建立在实验推测的基础上的。计算机科学技术目前的发展,还无法使"认知过程就像构成行为的肌肉反应一样实在"。正因为这样,在信息加工理论中涌现了众多模式,有些甚至是相对立的,但与其说是信息加工理论不成熟,还不如说是信息加工理论发展的一个标志。要穷尽对内部心理过程的探究是永远不可能的,我们所期望的,是涌现出更有说服力的模式。

任务四 建构主义理论

建构主义是行为主义发展到认知主义以后的进一步发展。建构主义认为,世界是客观存在的,但是对于世界的理解和赋予的意义却由每个人自己决定。人们是以自己的经验为基础来建构或解释现实的,人们的个人世界是用自己的头脑创建的,由于各自的经验以及对经验的信念不同,于是人们对外部世界的理解也不同。因而建构主义更关注如何以原有的经验、心理结构和信念为基础来建构知识,强调学习的主动性、社会性和情境性,对学习和教学提出了许多新的见解。

一、建构主义理论的基本观点

(1)学习是学习者主动地建构内部心理表征的过程,它不仅包括结构性的知识,而且包括大量的非结构性的经验背景。

(2)学习过程同时包含两方面的建构,即对新知识的意义建构和对旧知识的重组。

(3)学生以自己的方式建构对于事物的理解,不同人看到事物的不同方面,不存在唯一的标准理解。

二、建构主义理论指导下的教学

(1)随机通达教学。
(2)抛锚式教学。
(3)支架式教学。

三、建构主义理论对教育技术的影响

(1)自上而下的教学设计。
(2)情境化教学。
(3)重视社会性互助。

四、建构主义学习环境下的教学设计原则

(1)强调以学生为中心。
(2)强调"情境"对意义建构的重要作用。
(3)强调"协作学习"对意义建构的关键作用。
(4)强调对学习环境(而非教学环境)的设计。
(5)强调利用各种信息资源来支持"学"(而非支持"教")。
(6)强调学习过程的最终目的是完成意义建构(而非完成教学目标)。

项目三 幼儿园多媒体课件设计与制作的过程与方法

任务一 幼儿园多媒体课件设计与制作的过程

幼儿园多媒体课件的设计与制作应遵循幼儿园教育教学规律,教学目标明确,教学过程紧紧围绕教学目标逐层展开,素材选择恰当,活动组织形式丰富多样。

一、脚本设计

脚本就像建筑设计图一样,脚本设计是多媒体课件设计中首要的和基础性的工作。脚本设计的主要任务就是选择教学内容、教学素材及其表现形式,建立多媒体课件的框架结构,确定程序的运行方式等。

在幼儿园课件脚本设计中要注意以下几个方面:一是应采用美观、生动的屏幕画面,吸引幼儿的注意力,激发幼儿的兴趣;二是直接阐明教学目标,对于抽象概念要设法通过图形、动画形象地表达出来,使幼儿容易理解;三是使用方便,使用者不必看说明书学习操作方法,就应该知道如何操作;四是适时地组织提问、反馈和激励。在演示过程中,为了吸引幼儿的注意力,要针对幼儿的情况,适时地进行提问,根据幼儿的回答,进行讲解,及时反馈,对了奖励"大红花"或"小动物高兴"的动画和欢快的音乐,错了给一个"烂水果"或"小动物不高兴"的动画,也可加上相应的错误音效,用以警示幼儿下次做得更好。

二、教学过程设计

教学过程设计是多媒体课件设计的重要内容。如何安排教学的顺序、如何设计教学的环节、如何使用先进的教学方法、如何控制教学的节奏,以充分发挥多媒体计算机辅助教学的优势和特长,是多媒体课件设计和制作成功的关键。

教学环节包括教学目标的阐述、教学内容的呈现、教学重点难点的剖析、提问与练习、归纳与总结等。多媒体课件应遵循教学的基本原则和一般规律,合理设计教学环节。

教学方法是呈现教学内容、完成教学任务、达到教学目标所采取的方法,如设问法、对比法、归纳法、诱导启发法、交流讨论法等。在多媒体课件设计中恰当地运用相应的教学方法,可提高多媒体计算机辅助教学的效率。

教学节奏是根据教学内容、教学对象等对教学过程的调节和控制。教学节奏既要符合教学内容的深浅、难易程度,适应教学对象的接受和反应能力,也要符合不同媒体的表现方式。

多媒体课件要使用多种不同的媒体来呈现教学内容,教学节奏的快慢与媒体的特点密切相关。在多媒体课件的设计中应准确把握某种媒体的自然节奏,声音、动画的播放要符合人的视听习惯,场景、画面、内容的转换要自然和谐,形成符合教学对象学习心理特点的教学节奏。

在幼儿园课件设计中,要克服以课件取代教师教学艺术体现的倾向,设计制作的课件,应该有助于教师教学艺术的进一步展现。设计课件的目的是进一步提高教学效果,让孩子们学得更愉快,让教师教得更轻松。设计的课件要从教学需要和幼儿实际出发,所设计的课件应充分发挥教师的主导作用和幼儿的主体作用,课件不应成为教和学的障碍。课件应使教学锦上添花,达到教师教学艺术的充分体现。

三、教学表达设计

教学表达设计是指在教学的过程中,采用何种媒体,通过何种方式、方法来表现教学内容的设计。在多媒体课件的设计中应根据教学内容以及教学对象的特点和要求,选择一种或几种组合的媒体来表现教学内容,尽量用图形、图像、视频、音频、动画及其组合形式。要掌握不同媒体的转换和组接的方法和规律,画面与画面的组接要自然过渡,并设计相应的过渡效果;声音与声音的组接要和谐统一,不要相互干扰;声音和画面的组接要相互配合。在幼儿园课件教学表达设计中,要注意选用色彩鲜明、构图简单的图像素材,使幼儿易于接受;在音乐素材中要选用节奏明快、清新的乐曲,使幼儿有亲切感;在动画选材上,用幼儿喜闻乐见的卡通人物和故事,使幼儿更容易融入学习氛围中。

四、界面与交互方式设计

计算机辅助教学的最大的特点就是它的交互性。计算机辅助教学的交互性来自于多媒体课件的交互界面。课件的交互界面提供了多样化的交互手段,教师或学习者可根据教学的目的和要求进行交互操作。

常用的交互方式有键盘输入方式、鼠标点击方式。键盘输入方式一般不需要专门的交互界面,直接用键盘就能实现交互操作。鼠标点击方式一般需要有专门的交互界面供鼠标点击,如按钮交互响应、菜单交互响应等;也可以不需要专门的交互界面,直接通过鼠标的点击实现交互,如热区交互响应、热对象交互响应等。在幼儿园的课件中,尽量使用鼠标点击,有条件的幼儿园可以使用触摸屏,方便直观,便于幼儿操作。

界面也是整个画面的一部分,也要占据一部分屏幕区域,因此界面的设计应和呈现实际教学内容的画面的设计有机地结合起来,统筹安排,合理布局。对交互的反馈信息也要合理表达。界面的设计应新颖别致,界面的风格应前后一致,界面的操作方法要简单明确,不同界面中相同交互方式的操作应保持一致。在幼儿园课件中,交互的信息展现,最好使用图形、动画及声音,便于幼儿接受。

任务二　幼儿园多媒体课件设计与制作常用软件

随着信息技术的发展,多媒体课件制作的软件越来越多。软件根据其特点可以分为以下三类。

一、基于图标和流程线的多媒体编著软件

基于图标和流程线的多媒体编著软件主要有 Authorware、IconAuthor 等，其中 Authorware 比较常用。Authorware 是以设计图标和流程线来设计和制作多媒体作品的应用软件，支持多种媒体的集成，具有多种交互方式和函数功能，用它设计和制作交互性比较强的多媒体课件比较方便。

二、基于卡片和页面的多媒体编著软件

基于卡片和页面的多媒体编著软件主要有 PowerPoint、ToolBook、Founder Author Tool、Focusky 等。PowerPoint 是用来设计和制作电子幻灯片的软件，用它设计和制作课堂演示型课件比较方便。ToolBook 是基于事件驱动、面向对象编程创作的多媒体集成工具，它的最大特点是在 Windows 的集成环境下进行开发工作，开发者可以直接切入用户层观看制作效果。Focusky 是一款新型多媒体幻灯片制作软件，其操作便捷性以及演示效果超越 PPT，主要通过缩放、旋转、移动动作使演示变得生动有趣。传统 PPT 采用的是单线条时序，只是一张接一张切换播放，而 Focusky 打破常规，采用整体到局部的演示方式，以路线的呈现方式，模仿视频的转场特效，加入生动的 3D 镜头缩放、旋转和平移特效，像一部 3D 动画电影，给观众带来强烈视觉冲击力。

三、基于网页制作的多媒体编著软件

基于网页制作的多媒体编著软件主要有 FrontPage、Dreamweaver、Flash 等。FrontPage 是用来制作网页的一种基本软件，比较适合制作网络型课件。Dreamweaver 是一款比较专业的网页制作软件，它的功能比较强大，可以实现比较复杂的制作功能。Flash 也能够制作网络课件，但是 Flash 通常用来设计和制作 Flash 动画，用于设计和制作反映动态变化过程的课件比较方便，是幼儿园课件制作中动画素材的主要编辑软件。

项目四 幼儿园多媒体课件的评价

任务一 幼儿园多媒体课件评价的标准

幼儿园多媒体课件的设计与制作是一项基于教育学理论的艺术与技术相结合的创新性活动过程,既要考虑软件的功能、艺术效果,更要符合幼儿园的教学要求。因此,幼儿园多媒体课件应具有整洁美观的界面、和谐一致的风格、生动活泼的形式。

一、科学性标准

课件内容能准确反映客观规律,符合科学原理,名词、术语和符号的使用符合相应的规范,符合幼儿园的教学规律。

二、教育性标准

课件的运行符合教学的一般规律,教学目标明确,教学内容深浅、难易适当,具有系统性、连贯性,符合循序渐进的原则。教学方法先进,能激发幼儿的学习兴趣、积极性和创造性,有助于幼儿自主学习,符合因材施教的原则。能对教学效果进行及时、有效的反馈,帮助幼儿及时调整学习内容和进度,符合幼儿认知规律。

三、技术性标准

课件能充分利用多媒体技术的优势和特点,具有较强的交互性、集成性和灵活性,课件的运行具有较好的稳定性,具有友好的人机交互界面等,符合幼儿学习规律。

四、艺术性标准

教学信息的呈现层次分明、布局合理、重点突出、动静结合,教学信息和操作提示信息安排合理,色彩、音效等与教学内容具有一致性,程序运行的节奏符合教学过程的需要等。

2020年全国职业院校技能大赛(高职组)课件制作评分标准如表1-4所示。

表 1-4　2020 年全国职业院校技能大赛(高职组)课件制作评分标准

内容		评 分 标 准	分 值
课件制作(10分)	科学性	取材适宜,内容科学、正确、规范,体现幼儿年龄和领域适宜性	2分
	教育性	片段教学内容设计完整(1分);符合幼儿园保教活动的主题要求(1分);结构清晰,能激发幼儿兴趣(1分)	3分
	技术性	1.课件的制作和使用满足各项技术性要求(1.5分); 2.操作简便、快捷,演示流畅,结构合理,能较好服务于保教活动(1.5分)	3分
	艺术性	1.色彩协调,风格统一(1分); 2.画面设计新颖,富有童趣(1分)	2分
评分分档		科学性高,教育性好,技术性强,富有艺术性,符合幼儿学习特点	9~10分
		科学性较高,教育性较好,技术质量较强,有一定艺术性,基本符合幼儿学习特点	7~8.9分
		科学性、教育性、技术性、艺术性均一般,不太符合幼儿学习特点	5~6.9分
		该项课件内容不完整或提交未成功	0~4.9分

任务二　幼儿园多媒体课件评价的方法

一、分析评价法

分析评价法是一种自上而下的体系建立方法。所谓自上而下是指课件的评价由学术水平较高的教育专家和技术水平较高的计算机专业人员组成的评价小组,将评测课件和评测目标逐步细分,依据现有的理论及教学规范,结合课件所涉及的教学内容特点进行讨论,得出多媒体课件的评价。

二、指标体系评价法

指标体系评价法是先由教育软件评价组织根据评价原则、评价目的和评价功能,制定出适用于教学具体要求的评价指标体系,再由专门组织的评审人员,根据教育软件评价组织制定的相关评价内容和评价标准,对多媒体课件的性能特征进行评定。

分析评价法和指标体系评价法都属于专家评审,区别在于,分析评价法没有既定的评价指标体系,评审者完全依据使用多媒体课件的教学活动,在知识体系、学科特征、受众差异以及多媒体课件的制作技术等方面做出课件评价,评价特点是针对性较强,但缺乏普遍性共同特征。

三、观察评价法

观察评价法是分析课件使用效果最直观的方法,是指评价者根据一定的研究目的,设定研究提纲，制作观察量表，用自己的感官和辅助工具，直接观察被评价的课件，依照研究提纲填写观察量表，从而获得资料的一种方法。这种方法往往偏重于课件评价的某一个侧面，评价结果受限于观察者的主观能力，观察结果也带有一定的主观性。

四、实验评价法

实验评价法是将学生分成两组，其中一组学生为实验组，使用多媒体课件；另一组学生为对比组，不使用多媒体课件。在保证其他条件相同的情况下，课后对两组学生采用教学测量的方法采集数据，再进行分析处理，并从结果比较中得出评价结果。这种评价方法是以教学结果作为评价依据的，根据结果再来寻找多媒体课件产生结果的理论依据。这种评价方式不论结果如何，总是以一组学生做出牺牲为代价的。

五、问卷调查法

问卷调查法是一种自下而上的评价体系，将评价权交给一线教师。由于一线教师正是多媒体课件的制作者和使用者，所以在具体实践中，课件的好坏，他们最具有发言权。这种评价方式所产生的评价结果较为公正，也是以教学结果作为评价依据。这种评价的结果容易受样本空间的影响。

六、案例研究法

课件评价中的案例研究法是研究课件应用典型案例得出评价结果的一种评价方式。具体应用方式是：通过进入特定的教学情境，把教学情境中课件的使用情况作为案例，剖析使用过程及效果，得出评价结果。案例研究法是用理论与实践结合的方法构建的课件评价方法。

七、目标评价法

目标评价法是以多媒体课件所确定的目标达成程度作为课件的评价依据。这种评价方式可以综合采用观察评价法和实验评价法，以不同的角度来考察目标达成情况。这种评价方式的问题在于一堂课的目标达成分为多种情况，知识与技能目标的达成是显性的、容易掌握的；而学习兴趣、意志品质等能力目标却是隐性的、难以观察的，但对于幼儿的学习影响却是长期和持久的。隐性目标的达成难以观察，对课件的评价就会有不客观的因素存在。

八、过程评价法

过程评价法是以课件的实际应用过程效果作为评价依据，通过课堂观察，发现多媒体课件对幼儿注意力、学习兴趣等因素的调动所起的作用，以此来得到评价结果。过程评价法的问题正好与目标评价法反过来，注重了过程效果，对于达成目标考察不足。在实际应用中，过程评价法和目标评价法一般都结合使用，使用时还要建立过程与目标的内在因果关系。

九、分类评价法

分类评价法是依据不同的活动教育课型，分别以不同的评价标准，对多媒体课件进行评价的一种方法，实际上就是上述的分析评价法与指标体系评价法的融合结果。由于指标体系的不统一，不同类型的多媒体课件不具有可比性，评价结果往往按不同类型分别确定。

综上所述，可以发现，任何一种评价方法都具有其优势，也存在相应的问题，将多种方法综合使用,取长补短,才能较为客观地评价课件。

实践活动

依据建构主义理论设计主题为元宵节的保教活动课件。

内容导图

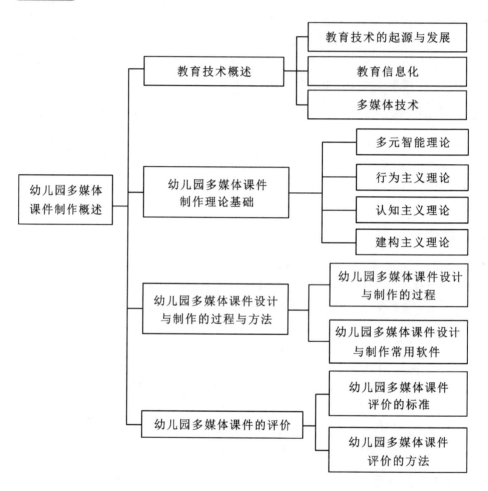

同步练习

一、名词解释

多元智能　　行为主义　　认知主义　　建构主义

二、简答题

1.简述幼儿园多媒体课件制作的基本过程。

2.简述多媒体课件制作软件的基本类型。

3.简述幼儿园多媒体课件的评价标准。

三、论述题

试论述教育信息化对学前教育教学改革的影响。

模块二 演示型课件制作软件

学习目标

1. 学会运用信息技术知识与技能解决实际问题,激发学习信息技术学科的兴趣。
2. 通过作品展示,增强学生审美意识,激发学生的求知欲。

知识目标

1. 认识 PowerPoint 2016 与 Focusky 工作界面。
2. 了解母版设计基本方法。
3. 掌握动画制作与幻灯片切换基本操作。
4. 掌握 PowerPoint 与 Focusky 课件制作基本过程。

能力目标

1. 运用 PowerPoint 与 Focusky 独立创作多媒体演示文稿。
2. 能利用互联网教育资源进行信息获取、加工整理以及呈现交流。

项目五 PowerPoint 2016 软件安装与常用操作

PowerPoint 是微软公司推出的 Office 办公套件中的一个重要组件,它是一款专业的演示文稿制作工具,可以制作各种用途的演示文稿,如讲义、课件、公司宣传、产品介绍等,还可以在互联网上召开面对面会议、远程会议,在网上给观众展示演示文稿。总之,PowerPoint 在现代办公领域已经占据着举足轻重的地位。

任务一 软件安装与界面介绍

一、软件的安装及卸载

在制作课件前,首先将应用软件安装在计算机中,此过程即为安装。如果不想使用此软件,可以将软件从计算机中删除,此过程即为卸载。计算机的配置要求如下:

(1) CPU 和内存。CPU 主频建议在 1 GHz,内存建议 2 GB 或更高。目前,常规使用的计算机都基本满足以上要求。

(2) 操作系统。Windows 7(32 位或 64 位)、Windows 8(32 位或 64 位)、Windows 10(32 位或 64 位)。

(3) 硬盘可用空间。5 GB 可用磁盘空间。

1. 安装 PowerPoint 2016 软件

PowerPoint 2016 是 Office 2016 中的一个组件。安装 PowerPoint 2016,首先要启动 Office 2016,按照安装向导一步一步完成 PowerPoint 2016 的安装。安装具体操作步骤如下。

(1) 从网上下载 Office 2016 安装压缩包,解压缩(见图 2-1)。

(2) 单击 setup.exe(以管理员的身份运行)开始安装软件(见图 2-2)。在弹出的对话框中选中【我接受此协议的条款】,单击【继续】按钮(见图 2-3)。

(3) 在弹出的对话框中选择安装类型,单击【自定义】按钮(见图 2-4)。

Office 2010
安装方法

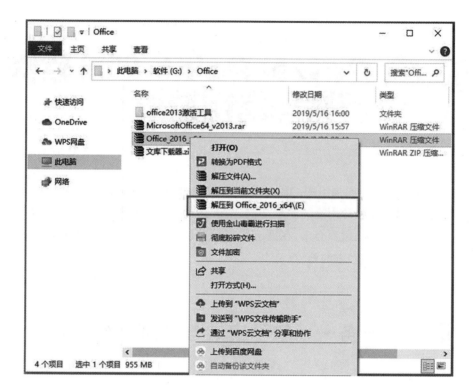

图 2-1　解压缩

图 2-2　开始安装

模块二 演示型课件制作软件

图 2-3 软件安装 1

图 2-4 软件安装 2

(4)弹出一个新的对话框,含有【安装选项】【文件位置】【用户信息】三个选项卡。此处单击【Microsoft PowerPoint】前的下拉箭头(见图2-5)。

图2-5 软件安装3

(5)在【文件位置】选项卡中输入安装Office 2016的位置或单击【浏览】按钮选择安装位置(见图2-6)。

图2-6 软件安装4

(6)弹出安装进度条,显示安装的进度(见图2-7)。

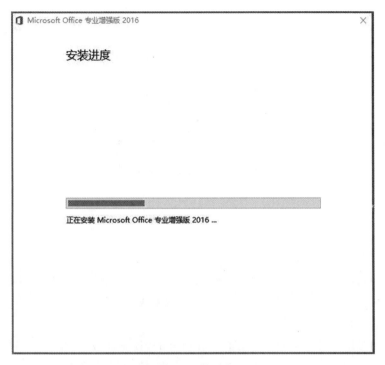

图 2-7　软件安装 5

(7)安装完毕后弹出完成界面,单击【关闭】按钮,完成 Microsoft Office 2016 的安装。
(8)单击【office2016 激活工具】(以管理员身份运行)(见图 2-8)。

图 2-8　软件安装 6

(9)单击【永久体验 Windows 和 Office 正版】(见图 2-9),激活成功,单击关闭。

2. PowerPoint 2016 软件的卸载

如果不想再使用 Microsoft PowerPoint 2016,可以删除此软件或卸载 Office 程序以释放

图 2-9　软件安装完成

其所占用的硬盘空间。具体操作如下。

　　单击【开始】按钮,选择【控制面板】选项,在打开的【控制面板】窗口中单击【程序】→【程序和功能】选项,选中 Office 2016(见图 2-10),单击右键,选择【卸载】(见图 2-11),弹出【安装】对话框,询问是否删除所选应用程序及所有组件。单击【是】按钮(见图 2-12),弹出卸载进度界面,显示卸载的进度条。卸载完毕后,单击【关闭】按钮即可。

图 2-10　软件卸载 1

图 2-11　软件卸载 2

图 2-12　软件卸载 3

二、认识 PowerPoint 2016 的工作界面

Office 系列的安装过程一样。PowerPoint 2016 工作环境比前面的版本,界面颜色搭配更加合理,功能更加强大,操作更加便利。单击【开始】按钮,然后依次选择【所有程序】→

【Microsoft Office】→【Microsoft PowerPoint 2016】项，打开 PowerPoint 2016 开始界面。其左侧显示最近使用的文档，右侧显示一些常用的模板，如"红利、框架、环保"等，如图 2-13 所示。选择一种模板类型后单击【创建】按钮，即可启动 PowerPoint 2016 并使用该模板创建文档。

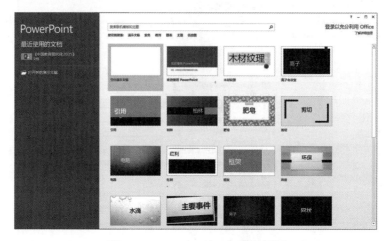

图 2-13　PowerPoint 2016 开始界面

在开始界面中选择【空白演示文稿】项，则可直接创建一个空白演示文稿。一般情况下，创建的空白演示文稿中会有一张包含标题占位符和副标题占位符的空白幻灯片。

PowerPoint 2016 的工作界面由快速访问工具栏、标题栏、【文件】选项卡、功能区、【帮助】按钮、工作区、状态栏和视图栏等组成，如图 2-14 所示。

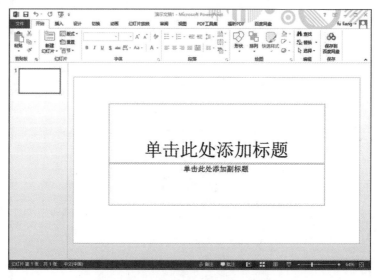

图 2-14　PowerPoint 2016 工作界面

1. 快速访问工具栏

快速访问工具栏位于 PowerPoint 2016 工作界面的左上角，由最常用的工具按钮组成，如【保存】按钮、【撤销】按钮和【恢复】按钮等（见图 2-15）。单击快速访问工具栏的按钮，可以快速实现相应的功能。

模块二 演示型课件制作软件

图 2-15 快速访问工具栏

2. 标题栏

标题栏位于快速访问工具栏的右侧，主要用于显示正在使用的文档名称、程序名称及窗口控制按钮等，如图 2-16 所示。

图 2-16 标题栏

在图 2-16 所示的标题栏中，"演示文稿 1"即为正在使用的文档名称，正在使用的程序名称是"Microsoft PowerPoint"。当文档被重命名后，标题栏中显示的文档名称也随之改变。

位于标题栏右侧的窗口控制按钮包括【最小化】按钮、【最大化】按钮（或【向下还原】按钮）和【关闭】按钮。当 PowerPoint 2016 工作界面最大化时，【最大化】按钮显示为【向下还原】按钮；当 PowerPoint 2016 工作界面被缩小时，【向下还原】按钮则显示为【最大化】按钮。

3.【文件】选项卡

【文件】选项卡位于功能区的左侧，该选项卡的下拉菜单主要包括【信息】、【新建】、【打开】、【保存】、【另存为】、【打印】、【共享】、【导出】、【关闭】、【账户】和【选项】等命令。

4. 功能区

PowerPoint 2003 及早期版本中的菜单栏和工具栏上的命令及其他菜单项，在 PowerPoint 2016 中，已被置于功能区，位于快速访问工具栏的下方，通过功能区可以快速找到完成某项任务所需要的命令。

功能区主要包括功能区中的选项卡、各选项卡所包含的组中所包含的命令按钮，主要包括【开始】、【插入】、【设计】、【切换】、【动画】、【幻灯片放映】、【审阅】、【视图】等选项卡，如图 2-17 所示。

图 2-17 功能区

5. 工作区

PowerPoint 2016 的工作区包括位于左侧的【幻灯片】窗格、位于右侧的编辑区域和下方的【备注】窗格，如图 2-18 所示。

【幻灯片】窗格显示每张幻灯片的缩略图版本。使用缩略图可以方便地查看演示文稿，并观看各种设计效果。

6. 状态栏和视图栏

状态栏和视图栏位于当前窗口的最下方，用于显示当前页、总页数、该幻灯片使用的主题、

图 2-18　工作区

输入法状态、视图按钮组、显示比例和调节页面显示比例的控制杆等,如图 2-19 所示。

图 2-19　状态栏

在状态栏上单击鼠标右键,可以根据需要自定义状态栏,如图 2-20 所示。

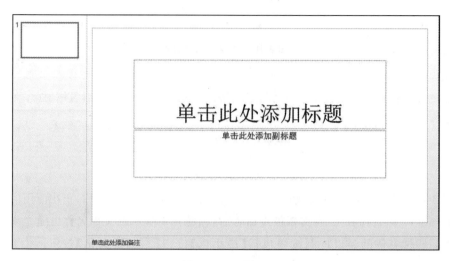

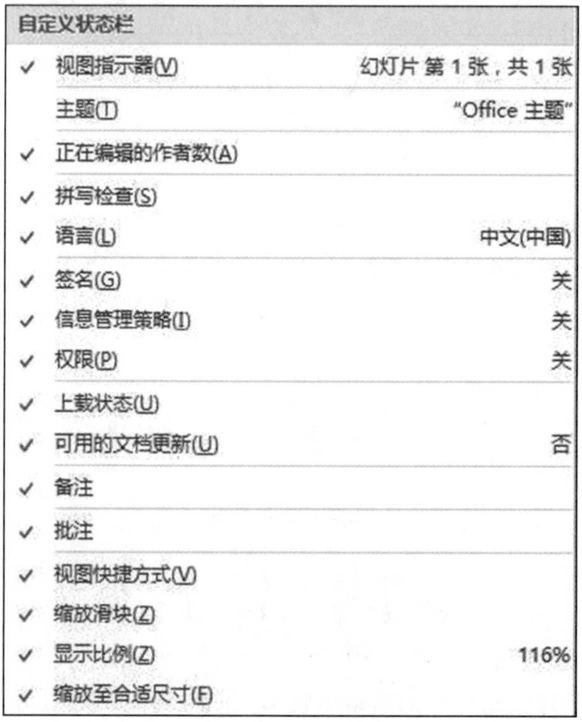

图 2-20　自定义状态栏

任务二 母版设计

幻灯片母版与幻灯片模板相似,可用于制作演示文稿中的背景、颜色主题和文字格式,但母版具有批量修改幻灯片背景和幻灯片上的对象的功能。母版视图包括幻灯片母版视图、讲义母版视图和备注母版视图。一般常用幻灯片母版视图。

建立幻灯片母版步骤如下:

(1)启动 PowerPoint 2016,新建或打开一个演示文稿。

(2)在【视图】选项卡→【母版视图】组中单击【幻灯片母版】按钮(见图2-21),此时【幻灯片母版】选项卡也随之展开(见图 2-22)。

母版编辑

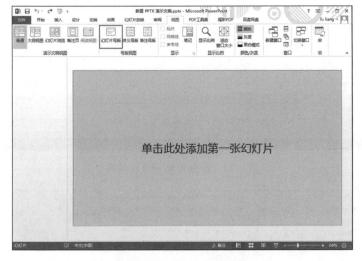

图 2-21 【幻灯片母版】按钮

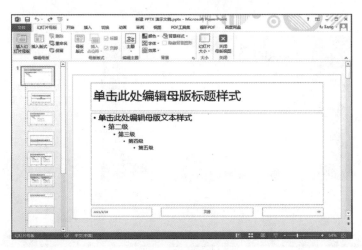

图 2-22 母版编辑界面

（3）第一张幻灯片母版一般为主母版。主母版改变会使其他母版同时更改，子母版更改不会影响任何母版。选中主母版，单击【背景样式】按钮（见图2-23），单击【设置背景格式】按钮，插入相关图片背景（见图2-24）。

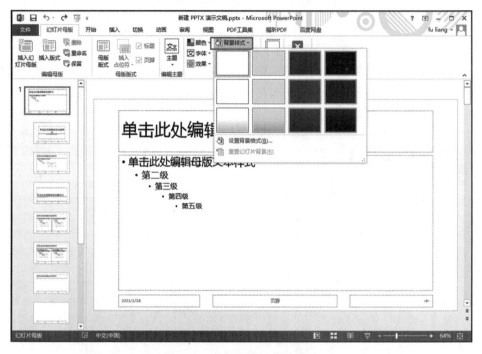

图2-23　母版编辑—背景效果

图2-24　母版编辑—插入图片1

（4）选中子母版，单击【背景样式】→【设置背景格式】按钮，插入相关图片背景（见图 2-25）。

图 2-25　母版编辑—插入图片 2

（5）选中母版中文字，打开【开始】选项卡，可以对文字进行字体、字号等的设置，如图 2-26 所示。

图 2-26　母版编辑—文字效果

(6)单击【关闭母版视图】按钮(见图2-27),返回普通视图界面,可以添加相应内容。

图 2-27 【关闭母版视图】按钮

(7)统一文字格式及背景,可大大减少调整文字格式的时间(见图2-28和图2-29)。

图 2-28 输入文字

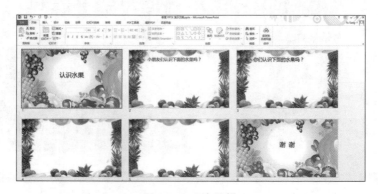

图 2-29 文本编辑

任务三　动画制作与幻灯片切换

在 PowerPoint 中,动画是对象进入和退出幻灯片的方式。没有动画的演示文稿会显得单调,缺乏感染力。在放映连续的幻灯片时,从上一张切换到下一张的过程中也能够设置动画效果。下面我们将介绍在 PowerPoint 2016 中创建动画以及为幻灯片添加切换效果的方法。

动画制作
与幻灯片切换

一、动画制作

PowerPoint 2016 根据动画的效果,将动画分为进入、强调、退出和动作路径四种类型,每种类型又包括多种效果。

1. 进入动画

进入动画是对象在幻灯片页面上从无到有、逐渐出现的动画过程。

进入动画可以使文本或其他对象以出现、浮入、擦除、形状等进入效果,显示在幻灯片放映屏幕上。

步骤1:选中幻灯片中的对象,打开【动画】选项卡,单击【动画】组中的【其他】按钮,如图 2-30 所示。

图 2-30　【其他】按钮

步骤2:展开动画样式下拉列表,在【进入】组中选择合适的选项,即可为对象设置相应的进入动画,如图 2-31 所示。

2. 强调动画

强调动画在放映过程中可以起到重点突出作用,它包括放大/缩小、跷跷板、陀螺旋等效

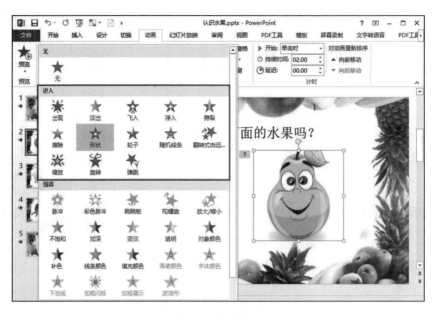

图 2-31 进入动画

果,可分为基本、细微、温和和华丽四种类型。

步骤 1:选中图片,打开【动画】选项卡,在【动画】组中单击【其他】按钮,在展开的列表中选择【更多强调效果】选项,如图 2-32 所示。

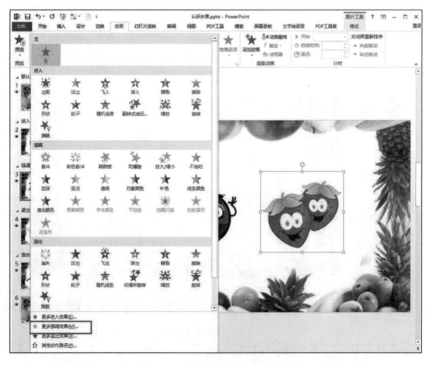

图 2-32 【更多强调效果】选项

步骤 2:弹出【更改强调效果】对话框,在【基本型】组中选择【陀螺旋】选项,单击【确定】按钮(见图 2-33),关闭对话框。

步骤3:单击【预览】按钮,对所设置的强调动画效果进行预览,如图2-34所示。

图2-33　更改强调效果　　　　　　　图2-34　强调动画效果预览

3. 退出动画

退出动画和进入动画相反,它是对象从有到无、逐渐消失的过程,是对象退出幻灯片放映屏幕的动画效果,即设置对象以指定方式从放映屏幕上消失。

步骤1:选中幻灯片中的对象,打开动画样式下拉列表,在【退出】组中可以选择任意选项,若【退出】组中没有满意的选项,用户可以选择【更多退出效果】选项(见图2-35)。

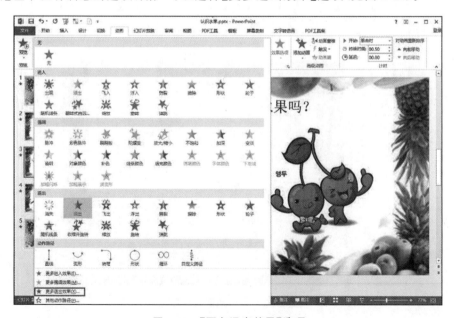

图2-35　【更多退出效果】选项

步骤2:弹出【更改退出效果】对话框,在【基本型】组中选择【擦除】选项卡,单击【确定】按钮(见图2-36)。

图 2-36　更改退出效果

步骤 3：在【动画】选项卡中，单击【预览】按钮，可以对动画进行预览，如图 2-37 所示。

图 2-37　退出动画效果预览

4．动作路径动画

动作路径动画是指对象沿着绘制的路径运动的动画效果，可以让对象左右、上下或者是沿着图案移动。

步骤 1：选中对象，打开【动画】选项卡，在【动画】组中单击【其他】按钮，在展开列表的【动作路径】组中选择【自定义路径】选项（见图 2-38）。

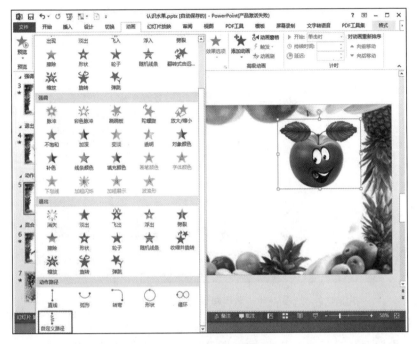

图 2-38　自定义路径

步骤 2：将光标移动至幻灯片中，按住鼠标左键并拖动，绘制对象的运动路径，如图 2-39 所示。

图 2-39　绘制动作路径

步骤3:绘制到终点时松开鼠标,然后双击退出绘制模式。单击【预览】按钮,查看对象沿自定义路径运动的效果,如图2-40所示。

图2-40　动作路径动画效果预览

5. 组合动画

一个对象设置两种或两种以上的动画,所呈现的动画效果叫作组合动画。

步骤1:选中对象,打开【动画】选项卡,在【高级动画】组中单击【添加动画】按钮,如图2-41所示。

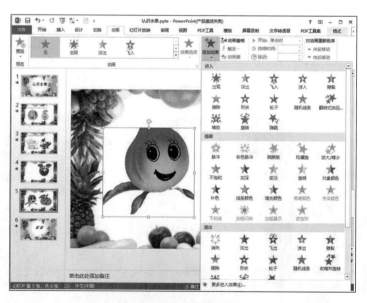

图2-41　【添加动画】按钮

步骤2:在展开的列表中选择【擦除】进入效果、【放大/缩小】强调效果,动画窗格如图2-42所示。

模块二　演示型课件制作软件

图 2-42　动画窗格

动画效果

开心消消乐

二、幻灯片切换

幻灯片切换方式是指一张幻灯片放映完后，下一张幻灯片出现在屏幕中的衔接方式。一般情况下，幻灯片之间并没有切换效果。PowerPoint 2016 页面切换效果包括细微型、华丽型和动态内容三大类，用户可以根据需要选择合适的切换效果。

（1）打开【切换】选项卡，在【切换到此幻灯片】组中单击【其他】按钮，如图 2-43 所示。

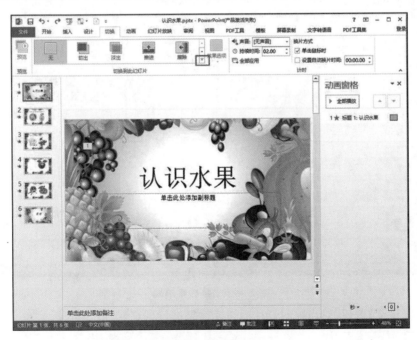

图 2-43　【切换】选项卡

（2）在展开列表的【细微型】组中选择【推进】选项，如图 2-44 所示。

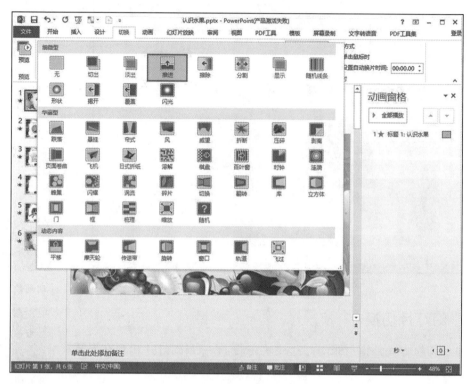

图 2-44　切换效果选择

（3）单击【效果选项】下拉按钮，在展开的列表中选择【自右侧】选项，如图 2-45 所示。

图 2-45　切换效果编辑

（4）单击【预览】按钮，对当前幻灯片的切换效果进行预览，如图 2-46 所示。

图 2-46　切换效果预览

（5）在【切换】选项卡的【计时】组中勾选【单击鼠标时】复选框，如图 2-47 所示。放映幻灯片时需要单击幻灯片才能切换到下一页。

图 2-47　换片方式

（6）若要将幻灯片设置为自动切换，则勾选【设置自动换片时间】复选框，单击右侧的微调按钮，设置每页幻灯片停留的时间，如图 2-48 所示。

图 2-48 设置自动换片时间

(7)在【计时】组中单击【持续时间】右侧的微调按钮,对切换效果的持续时间进行调整,如图 2-49 所示。

图 2-49 设置持续时间

(8)在【计时】组中单击【全部应用】按钮,在视图区可以看到所有幻灯片左侧都出现 ★ 标志(见图 2-50),说明所有幻灯片都应用了当前幻灯片所设置的切换效果、切换音效以及切换持续时间。

模块二 演示型课件制作软件

图 2-50 全部应用

项目六 Focusky 软件安装与界面介绍

Focusky 动画演示大师（以下简称"FS 软件"）是一款新型幻灯片演示文稿制作软件、动画宣传视频制作软件，其容易操作且演示效果超越 PPT。它主要通过缩放、旋转、移动动作使演示变得生动有趣，编辑模式类似于 PPT。传统 PPT 采用的是单线条时序，只是一张接一张切换播放，而 FS 软件打破常规，采用整体到局部的演示方式，以路线的呈现方式，模仿视频的转场特效，加入生动的 3D 镜头缩放、旋转和平移特效，像一部 3D 动画演示电影，给观众带来强烈视觉冲击力。

FS 软件适合制作课件、幻灯片演示文稿、微课、纪念册、公司报告、产品宣传广告片、动画宣传片等。一次制作即可输出视频、*.exe、网页等格式。

任务一 Focusky 软件下载与安装

FS 软件可在它的官方网站进行下载，运行环境：Windows Vista、Windows 7、Windows 8、Windows 10、Mac。下载完成可以进行安装。

（1）双击已下载好的 Focusky 动画演示大师程序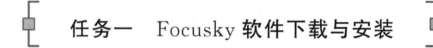开始安装。

（2）弹出【许可协议】窗口，选择【我接受协议】，然后单击【下一步】继续安装，如图 2-51 所示。

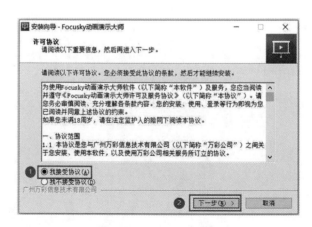

图 2-51 Focusky 安装 1

（3）弹出目标位置窗口，选择软件的安装目录，单击【下一步】继续安装，如图 2-52 所示。

图 2-52　Focusky 安装 2

(4) 弹出【选择开始菜单文件夹】窗口，创建程序快捷方式，单击【下一步】继续安装，如图 2-53 所示。

图 2-53　Focusky 安装 3

(5) 弹出【选择附加任务】窗口，选择要执行哪些附加任务，根据自身要求可选可不选，单击【下一步】继续，如图 2-54 所示。

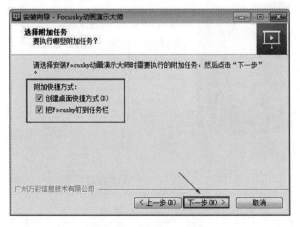

图 2-54　Focusky 安装 4

(6)准备安装 Focusky 动画演示大师,单击【安装】继续,如图 2-55 所示。

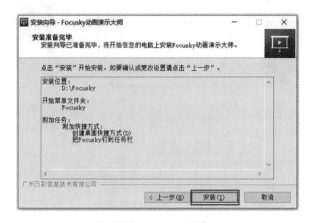

图 2-55　Focusky 安装 5

(7)正在安装软件,请勿动窗口里的按钮,等待文件的安装,如图 2-56 所示。

图 2-56　Focusky 安装 6

(8)软件安装完成后会弹出【Focusky 动画演示大师安装完成】窗口,单击【结束】(见图 2-57),电脑会自动运行 Focusky 动画演示大师。

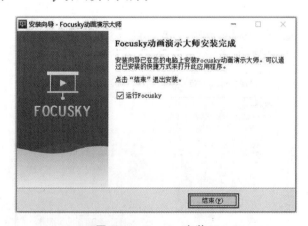

图 2-57　Focusky 安装 7

(9)打开 Focusky 动画演示大师(见图 2-58),开始多媒体演示文稿的制作之旅。

模块二 演示型课件制作软件 53

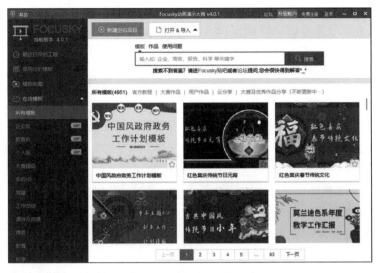

图 2-58 Focusky 安装完成

任务二 界面介绍与课件制作

一、界面介绍

Focusky 工作界面如图 2-59 所示。

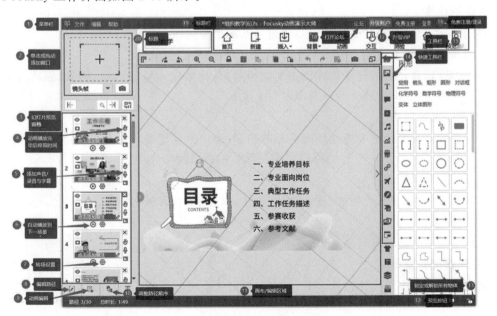

图 2-59 Focusky 工作界面

1. 菜单栏

(1)文件：包含比较简单的文件操作：新建工程、从已有的 PPT 文件中创建一个工程、打开工程、保存工程、另存工程为、关闭工程、导入/导出、最近打开的工程、导出 3D 背景、导入 3D 背景、保存成模板、管理模板、预览、输出、退出。

(2)编辑：编辑中有最基本的撤销、重做、复制、粘贴、剪切以及选项设置。

(3)帮助：包括在线教程以及常见问题解答、FS 软件的使用指引导向、关于 FS 软件的信息、更新升级以及"联系我们"。

2. 单击或拖动添加窗口

单击或拖动快速添加矩形窗口、方括号帧、圆形窗口和不可见帧，添加一个就代表一张幻灯片，类似于一个电影镜头。

3. 幻灯片预览窗格

跟 PPT 一样，这里可以预览每一张幻灯片（一张幻灯片就是一个场景）。

4. 动画播放完毕后，页面停留时间

这一张幻灯片页面里的所有元素都播放完毕后，页面停留时间可以自己设定。

5. 添加声音/录音与字幕

可以给当前的这张幻灯片添加声音文件（＊.mp3），电脑插上麦克风后可进行录音，也可以输入字幕。

6. 自动播放到下一场景

自动播放到下一场景或需要手动单击才会切换到下一场景。

7. 转场设置

是否自动播放到下一场景、转场到下一场景需要的时间、应用到当前场景或应用到所有的场景都可以设定。

8. 编辑路径

单击任何一个物体加入路径列表，通过拖动路径节点插入、删除、替换路径。

9. 动画编辑

可单击选择路径内的任意物体以添加动画效果，比如进入特效、退出特效、强调特效。可预览动画效果、自定义播放时间以及清除所有动画。

10. 调整路径顺序

可以在幻灯片路径栏中拖动修改路径的顺序，也可拖动缩略图自定义路径顺序跟路径播放时间。如果时间小于或等于 0，路径将采用默认的播放时间 4 秒。

11. 画布/编辑区域

画布也是工作区域，可缩放、旋转、添加物体，设置主题、编辑路径等。

12. 预览按钮

可预览演示文稿发布后的效果。

13. 解锁所有物体

当演示文稿的多个物体被锁定时，一个个地解锁会比较烦琐，可通过【解锁所有物体】键来解锁。

14. 快捷工具栏

快捷工具栏包括显示所有物体、顺时针旋转画布、逆时针旋转画布、放大、缩小、锁定画布、

网格、复制、粘贴、撤销、添加当前窗口到路径、显示比例、图形、图片、文本、内容布局、视频、音乐、图表、角色、超链接、特殊符号、SWF(也就是 Flash 动画)、艺术图形、幻灯片、主题、布局、图层、我的素材库。

15. 工具栏

工具栏包括：

(1)新建：新建工程文件。

(2)插入：下拉项基本在快捷工具栏上都有，除了公式。

(3)背景。

(4)动画。

(5)选项。

(6)预览当前：单击即可浏览当前的这张幻灯片镜头或预览整个作品。

(7)输出。

(8)保存：保存源文件。（注意：有些用户会认为跟 PPT 一样保存了就完事了，其实发布输出才是最终给别人看的格式。）

16. 免费注册/登录

FS 软件是个免费软件，免费用户也可以注册、登录进行正常使用。

17. 升级 VIP

如果免费版满足不了需求，可以单击这个按钮，进去购买升级 VIP，可升级为个人版、教育版、企业版。

18. 论坛

这是 Focusky 官方论坛，可以进去交流。

19. 标题栏

显示当前工程名称。

20. 标题

用户可给作品输入标题。

二、课件制作

1. 选择背景图片及背景颜色

(1)打开 Focusky，开始创建动画演示文稿，如图 2-60 所示。

图 2-60　新建动画演示文稿

(2)在弹出的窗口中,选择一个内容布局,设置路径数量、工程显示比例、背景颜色(见图 2-61),单击【创建】按钮。

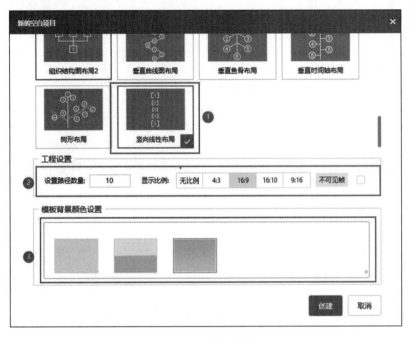

图 2-61 参数设置

(3)为演示文稿选择一张背景图片,如图 2-62 所示。

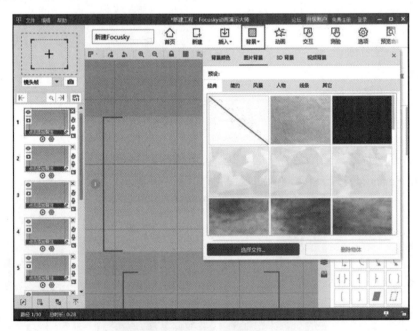

图 2-62 选择背景图片

2. 添加路径

(1)把帧添加到路径,如图 2-63 所示。

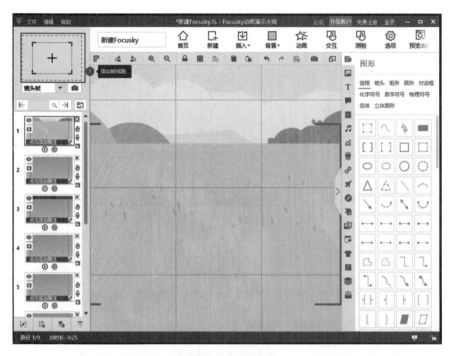

图 2-63　添加帧

(2)拖动改变路径顺序,如图 2-64 所示。

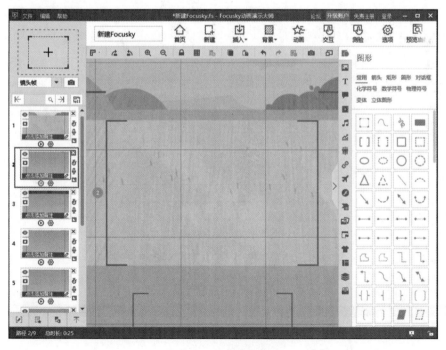

图 2-64　改变路径顺序

3.丰富动画文档的内容

插入内容丰富的演示文稿,如图 2-65 和图 2-66 所示。

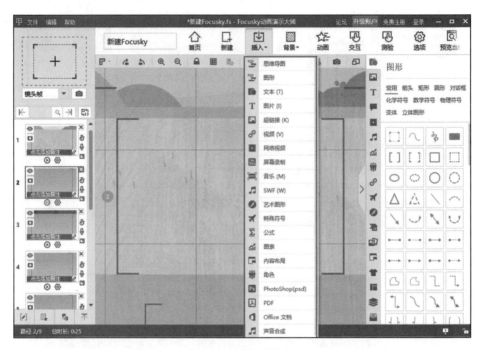

图 2-65 【插入】菜单

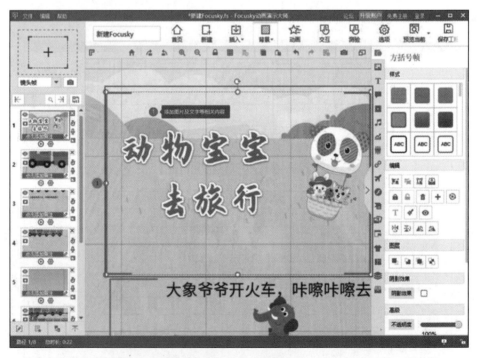

图 2-66 插入对象

4. 添加动画并预览

(1)选中路径及对象,添加动画效果,如图 2-67 所示。

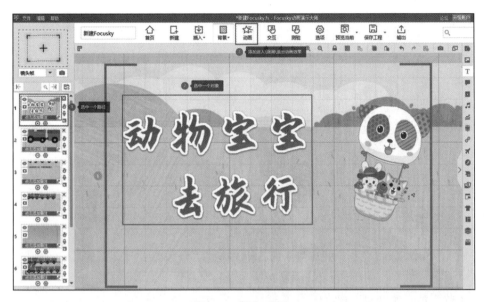

图 2-67　添加动画 1

（2）选择一个动画效果，添加相应动画，如图 2-68 所示。

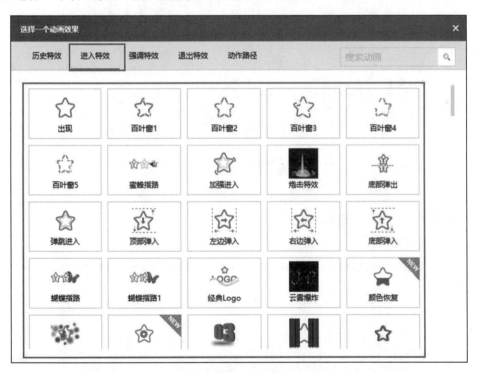

图 2-68　添加动画 2

（3）为标题文字添加动画效果，如图 2-69 所示。

图 2-69　动画效果

(4)预览当前动画效果,如图 2-70 所示。

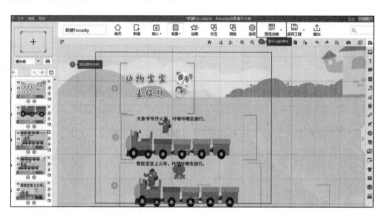

图 2-70　动画效果预览

5. 输出到本地或上传到云服务器

(1)选中【输出】,如图 2-71 所示。

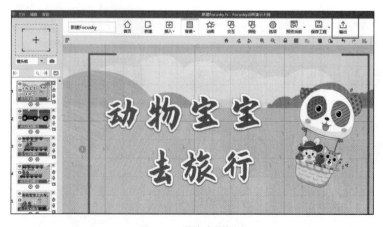

图 2-71　【输出】按钮

(2)根据需要选择输出类型,进行输出设置,如图 2-72 和图 2-73 所示。

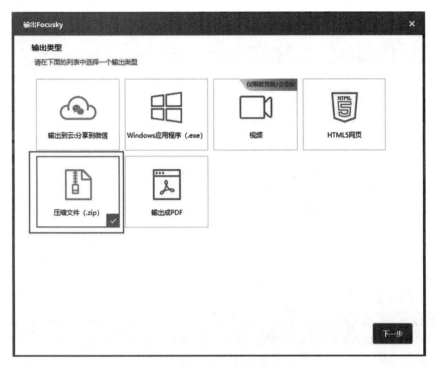

图 2-72　选择输出类型

图 2-73　设置输出位置

（3）播放效果如图 2-74 所示。

图 2-74　最终效果

分别利用 PowerPoint 2016 和 Focusky 制作主题为六一儿童节的活动课件。

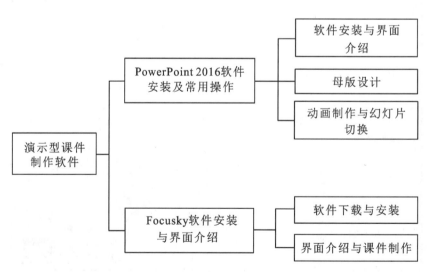

同步练习

一、名词解释

母版　　动画　　幻灯片切换

二、简答题

1. 简述母版设计基本过程。

2. PowerPoint 动画有几种类型？

3. 简述 Focusky 课件制作基本过程。

模块三 多媒体课件素材制作

学习目标

1. 提升教学信息化基本素养。
2. 培养认真专注的学习态度和精益求精的精神。

知识目标

1. 了解多媒体课件常用素材类型及存储格式。
2. 了解字体、矢量图、位图、分辨率、帧等常用专业词语的意思。
3. 了解不同类型素材处理的常用软件。

能力目标

1. 熟练使用 PowerPoint 对文字进行编排,绘制简单图形。
2. 学会 Photoshop 常用操作,并能对图像做简单处理。
3. 能使用 Flash 软件制作简单动画。
4. 能对音频和视频做简单剪辑,并转换文件格式。

案例导入

本模块案例图片如图 3-1 所示。

图 3-1 案例图片

项目七　文本编排及文字效果

　　文本是文字、字母、数字和各种功能符号的集合。在多媒体课件中,文本是最基本也是最常用的素材,它具有信息表达清楚、计算机处理方便、存储容易、传输快捷等优势。文本素材处理包含文本的采集、录入、编辑等加工处理。如果文字的内容不是很多,常直接用键盘输入,也可以采用语音输入、手写输入等辅助输入方法。含有较多文字的素材还可以使用QQ文字识别功能或扫描仪附带的文字识别(OCR)软件进行转换输入。其中,*.txt文件、*.doc文件和*.wps文件是最常见的文本格式。虽然在制作幼儿园课件时常采用影、音、图等多种表达方式,但文字的使用却是必不可少的,文本的大小、位置及颜色的设计要符合幼儿的年龄特点。

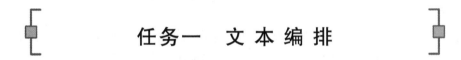

任务一　文本编排

一、字体

　　字体是文字发明的伴生物,是由一致的视觉风格统一起来的一整套字符形式。安装到电脑并在软件中直接使用的字体有黑体、宋体、楷体和隶书等。当今世界主要有两大文字体系,一是代表东方华夏文明且使用人口最多的汉字体系,二是代表西方欧美文明且使用范围最广的拉丁字母(英文字母)体系。汉字是由象形文字发展而来的表意文字,字形相对复杂,笔画繁多。

　　不同的字体会营造出不同的风格,会给人带来不同的心理感受,会有各自不同的使用范围。为了不让版面"太花",最好不要让同一页面中使用的字体超过三种(当然,也不排除现实中有不同的要求)。使用不同字体,在大多时候应该是为了版面中标题和正文的要素区别。

　　文字清晰是制作课件时文字选用的第一原则。因为考虑到在比较远的距离仍然能够看清楚文字,所以笔画比较细的字体,就不太适合用在课件中。有一些字体,比如方正小标宋,有的笔画粗,有的笔画细,这样的情况,要看字体本身的辨识度,按这个原则,方正小标宋是可以用在课件中的。考虑到对文字进行艺术处理,字体的笔画较粗时效果也相对较好。在同等字号下,黑体、微软雅黑、隶书以及华文新魏的辨识度相对就要高一些;像华文彩云、华文琥珀因为特殊的效果处理,其笔画的间隙较小,辨识度也不高,可以在标题一类字体较大的时候使用。

二、字号

在数字化技术发展的时代,文字的大小可以用不同的计算方式进行精确控制,大致可分为号数制、级数制和点数制(也称为磅或像素)三种。常用的字号就是号数制的表述方式,点数制是国际流行的计算字体字号的标准制度。一般来说,在版面中较大的文字会用于标题或需要强调的部分,较小的文字用于正文,更小的文字会用于页眉、页脚和辅助说明,字号的不同大小也使得不同内容的文字产生了层次区分。从平面构成的层面说,在书籍、杂志、网页、招贴中,不同大小的文字通过大小对比的合理编排可以充当视觉的点、线、面,在传递信息的同时,也塑造出了不同的设计风格,使版面变得有节奏感。

三、文本编排

视觉元素的间距(或位置关系)是形成视觉关系的重要途径。格式塔原理阐释了一种典型的视觉现象:距离相近的内容比距离较远的内容更容易被人看作是一组内容。换言之,通过对版面元素间距的把握,可以很好地控制视觉的顺序、流程、节奏、舒适度,甚至驻留时间。而且这种间距的留白本身也是一种视觉形式,恰当留白能强化页面的秩序和透气感。文字编排的间距问题主要包括文字之间的字距、文字行排的行距、段间距、图文间距等。

1. 字距

汉字中字与字之间的距离称为字距,拉丁文字中有两个对应的概念——词距和字符距。单词与单词之间的距离称为词距,而字母与字母之间的距离称为字符距。

【字符间距】选项卡如图 3-2 所示。

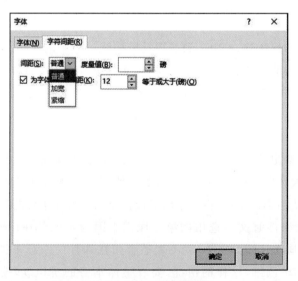

图 3-2 【字符间距】选项卡

2. 行距

行距的变化也会对文本的可读性、整体的美感产生很大影响。在 Word、PowerPoint 等软件中,行距指的是行间空白间隔的距离。

不同行距的效果如图 3-3 所示。

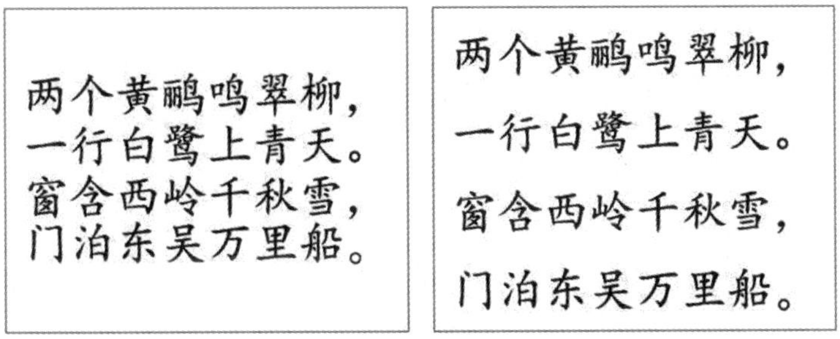

图 3-3　不同行距的效果

3. 段间距

段间距主要指段与段之间的间隔距离。一般段间距为文字大小的两倍左右,这样可以保证分段清晰,又能维持段落之间较好的关联性。在幼儿园多媒体课件中,一张幻灯片上不宜出现多段文字。

 ## 任务二　文字效果

一、文本框的边框与填充

1. 文本框的类型

在 PowerPoint 中,文本框只有一种,有两种文字方向可以选择:一种是横排文本框,即文字在里面横向排列;另一种是垂直文本框,文字成纵向排列,从右向左阅读。PowerPoint 还提供了另外三种文字排列方式。除了文本框以外,在 PowerPoint 中插入的图形,如圆角矩形、梯形、平行四边形,还有箭头、线条以及其他一些形状,也是支持添加文本的,可以当作文本框来处理。其文本的排列方法同样有上述的五种形式。

2. 预置的文本框样式

在 PowerPoint 2016 中,默认给出了同一种颜色 6 种文本框的装饰效果,再加上默认给定的 7 种颜色的变化,共计有 42 种效果,如图 3-4 所示,足以满足一般的设计需要。在实际的操作中,利用边框、填充、阴影、映像、3D 效果等选项(见图 3-5),能够创造出无穷无尽的显示效果。

3. 文本框边框的设置

边框的线型:边框是由线条构成的,对于线条来说,包含线的宽度、线端形状、连接处形状、线条复合形态和线条分割形态五类设置选项。线条的宽度用磅值表示,选中文本框时,工具栏上会出现新的标签——"绘图工具—格式",在这个标签下,可以对文本框以及艺术字进行设置;也可以在文本框上单击鼠标右键,选择【设置形状格式】,在弹出的功能面板(对话框)中对文本框进行设置,如图 3-6 所示。

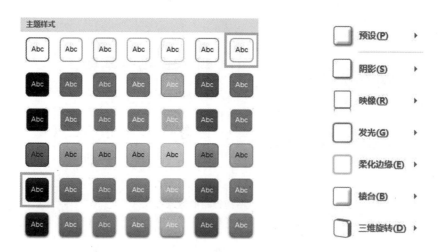

图 3-4　文本框主题样式　　　　　　图 3-5　文本框形状效果

4. 文本框的填充

图 3-7 所示是文本框的几种简单填充方式,其中纯色填充、图片或纹理填充都是可以调整透明度的。图片填充默认为拉伸填充,图片会随文本框外形变形。可以改为平铺,平铺会保留原图片的大小,超过部分会重复填充。

图 3-6　文本框形状轮廓设置　　　　图 3-7　填充设置

二、艺术字

艺术字的设置方法有两种：第一种方法是先选中文字，然后在选中的文字上单击鼠标右键，选择【设置文字效果格式】，就可以在新弹出的对话框中对文字进行艺术加工；第二种方法是单击文本框的边框，使文本框处于被选择状态，这时菜单栏上会出现"绘图工具—格式"的标签，这个标签下包含了文本框和艺术字的所有选项，可以同时对艺术字和文本框进行调整。艺术字的视觉吸引力远超普通字体（见图3-8），但在幼儿园多媒体课件中不宜过多使用，以免分散幼儿注意力和分辨力，建议在标题中使用，且使用容易辨别字形的艺术字效果。

图 3-8　艺术字效果

项目八 图形素材设计

PowerPoint 2016 提供了功能强大的绘图工具,利用这些工具可以绘制各种线条、矩形、箭头以及其他图形。如图 3-9 所示,单击【插入】选项卡【插图】组中的【形状】按钮,在弹出的菜单中选择需要的形状绘制图形即可。

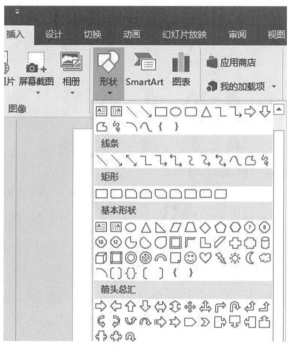

图 3-9 【形状】按钮

任务一 线 条

PowerPoint 2016 提供了 12 种绘制线条的工具,分为直线、箭头、连接符、曲线和任意多边形五类。

一、直线

直线、箭头、双箭头这一类都是画直线的工具,可以画出各种形式的直线。方法是:①选取直线工具,鼠标变成十字光标;②在起点处按住鼠标左键并拖动,即可拉出一条直线;③直线画完释放鼠标。

在画的过程中,如果按住【Shift】键,可以画出成 15°倍数角度的直线,这样可以画出一些规则角度的直线。直线也是一个对象,也可以对直线进行各种特征处理。直线不能填充,但可以加阴影和增加箭头等。

二、曲线

所谓曲线是一些轮廓边缘光滑的线条,使用曲线工具可以画出任何形状的曲线。

①选中曲线工具后,光标变成十字形;②将光标移到曲线的开始位置进行单击,设置起点;③释放鼠标,并移动,可以从起点处拖出一条线,将鼠标移动到曲线需要转弯处单击,设置曲线的另一个顶点;④重复上述动作,直到曲线完成,双击结束。

三、任意形状图形

①选择【线条】工具中的【任意多边形】按钮,光标变成十字;②在起始点按下左键,光标变成一支笔的形状;③拖动鼠标画出图形。如不是封闭的图形,双击左键结束。

在画图中按住【Shift】键可以画出 15°的倍数角度。在没有退出画图状态时,按退格键,可以按画图的反方向删除图形中的顶点。

任务二 其他图形

在 PowerPoint 2016 中有椭圆、三角形、梯形等 40 多种基本形状,此外还有 9 种矩形工具,分别是矩形、圆角矩形、剪去单角的矩形、剪去同侧角的矩形、剪去对角的矩形、单圆角矩形(2 种)、同侧圆角矩形、对角圆角矩形。利用矩形和基本形状可以绘制卡通图案、裁剪图像,在幼儿园多媒体课件制作中应用广泛。

一、绘制圣诞烟花

(1)单击【插入】选项卡【形状】按钮,从弹出的菜单中选择【圆角矩形】工具,在幻灯片编辑区绘制一个圆角矩形(宽度 100 mm,高度 5 mm),修改形状样式,使其填充颜色为黄色(R255,G192,B0),透明度为 20%,形状轮廓为无轮廓。

绘制圣诞烟花

(2)复制、粘贴圆角矩形,共 18 个。

(3)把 18 个圆角矩形全选中,单击【格式】选项卡【排列】组中的【对齐】按钮(见图 3-10),从弹出的菜单中选择【左对齐】和【顶端对齐】,使之重叠。

(4)选中最上层的一个圆角矩形,单击【格式】选项卡的【大小】对话框启动器,在打开的【大小】对话框【旋转】输入框中输入【10°】,如图 3-11 所示,使其顺时针旋转 10°。然后再选中下一个圆角矩形,使其顺时针旋转 20°,依次类推,直到所有的图形旋转完毕。

(5)最后把 18 个圆角矩形全部选中,并在选中的对象上右击,组合选中的图形,如图 3-12

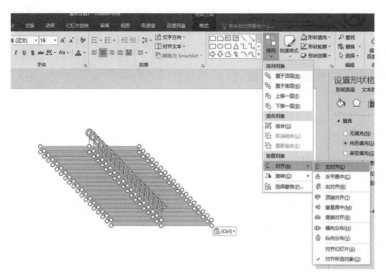

图 3-10 【对齐】按钮

所示;或者单击【格式】选项卡【排列】组中的【组合】按钮,选择【组合】命令对其进行组合,烟花效果完成。

图 3-11 旋转 10°

图 3-12 组合图形

二、绘制西瓜

(1)单击【插入】选项卡【形状】按钮,从弹出的菜单中选择【弦形】工具,在幻灯片编辑区绘制一个弦形,拖动黄色节点,调整弦形的形状,如图 3-13 所示。

绘制西瓜

图 3-13　调整后的弦形

(2)左手按住【Ctrl】键,右手按住鼠标左键拖动,复制一个弦形。在顶点处单击鼠标左键,等比例调整弦形大小。

(3)同时选中两个弦形,在【对齐】工具中选择【水平居中】对齐。

(4)选中小弦形,填充红色(R255,G124,B128),形状轮廓为无轮廓;选中大弦形,填充绿色(R80,G159,B54),形状轮廓为无轮廓,如图 3-14 所示。

图 3-14　颜色填充

(5)选择【椭圆】工具,绘制西瓜籽,填充黑色,无轮廓。复制多个西瓜籽,调整西瓜籽的位置。将所有形状全选并组合,西瓜效果完成,如图 3-15 所示。

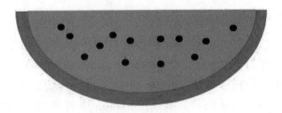

图 3-15　西瓜图形

绘制水晶球

项目九 图像素材处理

数字化的图像是指以数字的方式存储和处理的数据文件,可以分为两类:位图和矢量图。位图是由很多像小方块一样的色素块构成的图像,也叫光栅图、点阵图。数码相机、手机等电子设备拍照得到的图像,扫描仪扫描的图像,以及屏幕抓取的图像都是位图。位图的特点是可以表现色彩的变化和颜色的细微过渡,很容易在不同的软件之间转换。位图文件占磁盘空间较大,放大后容易失真。矢量图是图形软件通过数学的向量方式进行计算而得到的图形。矢量图的特点是文件占磁盘的空间较小,在对图像进行缩放、旋转或变形操作时,图形仍具有很高的显示和印刷质量,并且不会产生锯齿和模糊效果,但它无法表现丰富的颜色变化和细腻的色调过渡。本项目所指的图像是位图,Photoshop是典型的位图处理软件,下面就位图的处理进行详细介绍。

任务一　图像大小调整

一、图像的分辨率调整

分辨率主要是指图像中每单位打印长度上显示的像素数量,通常用 pixel/inch(像素/英寸)表示,简写为 ppi。图像分辨率越高,显示精度越高,占用空间越大;图像分辨率越低,显示精度越低,占用空间越小。仅用于屏幕显示时,常将分辨率设置为 72 ppi,在多媒体课件制作中将图像的分辨率设置为 72 ppi 为宜。在 Photoshop 中打开图像,选择菜单栏中【图像】→【图像大小】命令,修改图像分辨率,如图 3-16 所示。

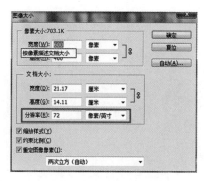

Photoshop 的
安装与卸载　　图 3-16　分辨率的设置

二、图像几何尺寸的调整

图像几何尺寸的调整可以使用裁切工具来完成,不仅改变图像的几何尺寸,而且起到重新构图的作用。

(1)在 Photoshop CS6 中执行【文件】→【打开】命令,选择一张风景图(见图 3-17)。

图 3-17 风景图

(2)单击工具箱中的【裁切工具】按钮,在其属性栏中设置各个选项,如图 3-18 所示。

图 3-18 裁切工具属性栏

(3)将鼠标放在图像中,单击鼠标拖拽框选要保留的部分,如图 3-19 所示。

图 3-19 裁切选框

(4)按下【Enter】键,或将鼠标放置在裁切框中快速双击,可以确认裁切操作。裁切后的图像效果如图 3-20 所示。

图 3-20　裁切效果

任务二　图像色彩调整

颜色是由人眼来感受的,是一种视觉现象。颜色有三个属性,分别是色相、明度和饱和度。色相指颜色的相貌。明度是人眼对物体的明亮感觉。饱和度是色彩的纯洁性或鲜艳程度。Photoshop 的【色阶】、【色相/饱和度】、【亮度/对比度】、【曲线】等命令可以灵活地实现图像色彩调整。

一、色阶

在菜单栏中单击【图像】→【调整】→【色阶】命令,打开【色阶】对话框,如图 3-21 所示。

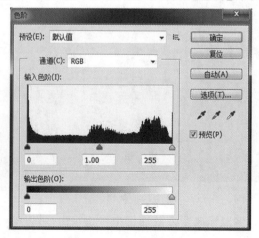

图 3-21　【色阶】对话框

在【色阶】对话框中,图像的亮度分为 0~255 阶,阶数越大,亮度就会越高。【输出色阶】图框中,偏暗的亮度位于左边,偏亮的亮度位于右边。

二、色相/饱和度

选择【图像】→【调整】→【色相/饱和度】命令,打开【色相/饱和度】对话框,如图 3-22 所示。

图 3-22 【色相/饱和度】对话框

【色相/饱和度】命令可以对整个图像中的单一通道或选区范围中的图像进行色相、饱和度和明度的调整。

三、亮度/对比度

选择【图像】→【调整】→【亮度/对比度】命令,打开【亮度/对比度】对话框,如图 3-23 所示。

图 3-23 【亮度/对比度】对话框

【亮度/对比度】对话框中的参数可以对整体或选区图像的亮度和对比度进行调整,它只能对图像进行整体调整,不能对特定的颜色进行调整。

四、曲线

【曲线】可以调整灰阶曲线中的任何一点。选择【图像】→【调整】→【曲线】命令,打开【曲线】对话框,如图 3-24 所示。

改变曲线的形状,可以改变图像的色调和颜色。在默认情况下,对于 RGB 模式的图像,将曲线向上弯曲会使图像变亮,将曲线向下弯曲会使图像变暗。

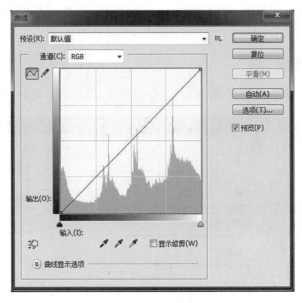

图 3-24 【曲线】对话框

任务三 图像的选择

一、魔棒工具

魔棒工具

魔棒工具适用于选择图像中颜色相近的区域。它可以很方便地选取一些颜色不是很丰富,或者是对比很鲜明的图像。可以通过在工具属性栏中修改【容差】来改变魔棒工具的相似颜色范围。

(1)选择【文件】→【打开】命令,打开橙子图片。选择工具箱中的魔棒工具,在工具属性栏中,设置【容差】为 40。

(2)单击图像中的空白区域,此时图像中的大部分背景色区域被选中,如图 3-25 所示。

图 3-25 单击图像空白区域

(3)单击工具属性栏中【添加到选区】命令,再次单击没有被选中的背景区域,将新选区添加到原来的选区,如图3-26所示。

图3-26　使用魔棒工具选择图像

(4)打开图层面板,双击背景图层解锁,将背景图层转换为普通图层,如图3-27所示。

图3-27　将背景图层转换成普通图层

(5)按下【Delete】键,删除空白区域,如图3-28所示。

图3-28　删除空白区域

(6)按下【Ctrl+D】组合键,取消选区。
(7)将图像存储为.png格式,如图3-29所示。PNG格式图片的优点有:体积小,图像质量高,支持透明效果。

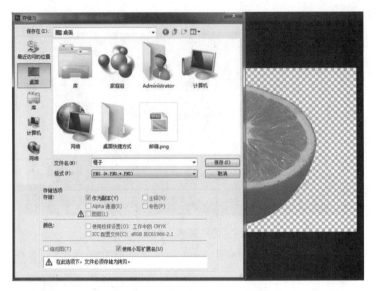

图 3-29　将图像存储为 .png 格式

二、快速选择工具

快速选择工具能够调整鼠标指针圆形区域大小来绘制选区,在图像中单击并拖动光标即可。这是一种基于色彩差别但却是用画笔智能查找主体边缘的新方法。

(1)选择【文件】→【打开】命令,打开向日葵图片。在工具箱中选择【快速选择工具】,在工具属性栏中,将画笔大小改为 80,然后按下鼠标左键在向日葵上稍加拖动,选区便会自动延伸,查找到主体的边缘,如图 3-30 所示。无选区时默认的选择方式是【新建】,选区建立后,自动改为【添加到选区】;如果按住【Alt】键,选择方式变为【从选区减去】。

快速选择工具

图 3-30　快速选择工具建立选区

(2)更改画笔大小,选择向日葵茎部,如图3-31所示。按【[】键可减小快速选择工具画笔大小,按【]】键可增大画笔大小,也可在工具属性栏中将画笔减小至合适的大小。

图 3-31　更改画笔大小,选择茎部

(3)双击背景图层解锁,按下【Ctrl+Shift+I】组合键反向选择,按下【Delete】键删除多余内容,按下【Ctrl+D】组合键取消选区,如图3-32所示。

图 3-32　完成向日葵抠图

(4)选择【文件】→【存储为】命令,将图像存储为.png格式,备用。

三、多边形套索工具

多边形套索工具可以用来选择边缘是直线的不规则的几何形状,并建立选区。它的操作和一般的套索工具有明显不同。

(1)选择【文件】→【打开】命令,打开积木图片。在工具箱中单击【多边形套索工具】,将鼠标指针移至工作区域中,单击确定起点位置。移动鼠标至要改变方向的转折点,选择好需要改变的角度和距离,如图3-33所示。为了保持图像边缘平滑柔和,在使用多边形套索工具之前,在工具属性栏中,可将【羽化】值设置为2像素。

多边形套索工具

图3-33　多边形套索工具的使用

(2)单击鼠标左键,直到选中所有的范围,并回到起点。当鼠标指针的右下角出现一个小圆圈时,单击即可封闭并选中该区域,如图3-34所示。

图3-34　用多边形套索工具选中积木

(3)双击背景图层解锁,按下【Ctrl+Shift+I】组合键反向选择,按下【Delete】键删除多余内容,按下【Ctrl+D】组合键取消选区,如图3-35所示。

图 3-35　完成积木抠图

(4)选择【文件】→【存储为】命令,将图像存储为.png 格式,备用。

四、磁性套索工具

磁性套索工具能够根据鼠标指针经过的位置处不同像素值的差别,对边界进行分析,自动创建选区。它的特点是能够方便、准确地选取边界形状较为复杂的图像区域。

磁性套索工具

(1)选择【文件】→【打开】命令,打开小刺猬图片。在工具箱中单击【磁性套索工具】,将鼠标指针移动至工作区域,在图像中单击设置第一个紧固点。

(2)沿着要选取的物体边缘移动鼠标指针,自动出现根据"对比度"和"频率"得出的磁性拐点。当选区终点回到起始点时,鼠标指针右下角会出现一个小圆圈,此时单击即可完成选取,如图 3-36 所示。在移动鼠标的过程中,遇到磁性套索工具无法准确选择的位置时,可以单击鼠标左键,手动定位。

图 3-36　用磁性套索工具选中刺猬

(3)双击背景图层解锁,按下【Ctrl+Shift+I】组合键反向选择,按下【Delete】键删除多余内容,按下【Ctrl+D】组合键取消选区,如图3-37所示。

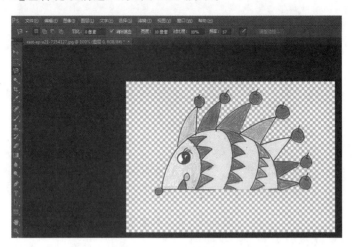

图 3-37　完成刺猬抠图

(4)选择【文件】→【存储为】命令,将图像存储为.png格式,备用。

五、钢笔工具

钢笔工具是绘制路径的工具,路径可以转换成选区,所以钢笔工具也可以用作图像的选择。钢笔工具使用时,每一次单击鼠标都会出现一个连接该点与上一次单击点的路径线段,当结束的路径点与起始点重合时,钢

钢笔工具

笔工具右下角出现一个句号,表示路径绘制结束,单击后获取一个闭合的路径。如果要选择整个路径,先选中工具箱中的【路径选择工具】,然后直接单击需要选择的路径即可。如果要选择路径线段或路径节点,可以使用工具箱中的【直接选择工具】,单击所需要选择的路径节点,可以在按住【Shift】键的同时逐个单击要选择的路径节点。选择路径节点后,按住鼠标移动,即可移动路径节点的位置。

(1)选择【文件】→【打开】命令,打开鹅图片,如图3-38所示。观察图片可以发现,鹅与周围环境的颜色相似,前面几种抠图方法均不适用。下面使用钢笔工具进行抠图。在工具箱中选择【钢笔工具】,在钢笔工具属性栏中选择路径。

图 3-38　鹅

(2)按下【Ctrl++】组合键,将图片放大,在鹅边缘任意部位单击鼠标左键,在转弯处再次单击左键,按住左键不放,拖动鼠标直至方向线出现,松开鼠标。在下一个转弯处重复上述动作,直至起点,如图3-39所示。

图3-39 用钢笔工具绘制路径

(3)在工具箱中选择【直接选择工具】,逐个移动锚点位置和方向线,直至路径与鹅边缘吻合,如图3-40所示。在调整过程中可以选择【添加锚点工具】和【删除锚点工具】来增加和减少锚点。双向方向线在默认情况下是联动的,可以按住【Alt】键,单击一侧方向点,则锚点两侧方向线可以分离,自由调整方向。

图3-40 调整路径

(4)按下【Ctrl+Enter】组合键,可以将路径转换为选区。在【选择】→【修改】→【羽化】命令(见图 3-41)中,设置羽化值为 2 像素。

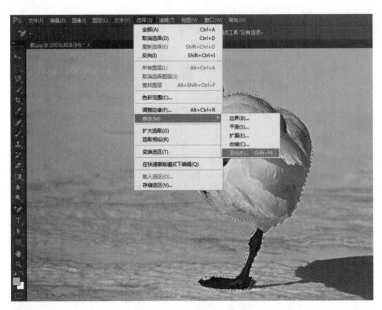

图 3-41 【羽化】命令

(5)双击背景图层解锁,按下【Ctrl+Shift+I】组合键反向选择,按下【Delete】键删除多余内容,按下【Ctrl+D】组合键取消选区,如图 3-42 所示。

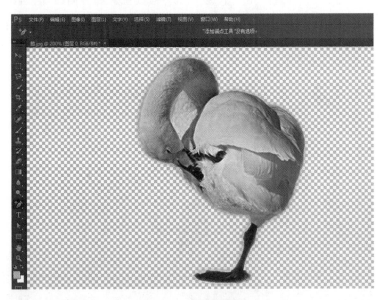

图 3-42 完成鹅抠图

(6)选择【文件】→【存储为】命令,将图像存储为.png 格式,备用。

项目十 声音、视频素材处理

任务一 音频素材处理

在幼儿园多媒体课件中合理地加入一些声音,可以更形象地表达教育内容,有利于使幼儿大脑保持兴奋状态,使视觉思维得以维持。同时还可吸引幼儿的注意力,增加其学习兴趣,启发幼儿思考。

声音的三个特征是音调、响度和音色。音调是指声音的高低,由声源振动的频率决定。频率越高,音调越高,反之则反。响度,即声音的大小(俗称音量),取决于声波振幅的大小。而音色则是由混入基音的泛音所决定的,每个基音又都有其固有的频率和不同音强的泛音,从而使得每个声音都具有特殊的音色效果。

一、音频文件格式

声音在计算机中是以文件形式存储的,制作数字音频文件时采用的频率、量化位数及编码算法不同,形成了多种音频文件格式。

1. 非压缩格式

CD 格式(扩展名为.cda):是音质比较高的音频格式。标准 CD 格式是 44.1 kHz 的采样频率,速率 88 Kb/s,16 位量化位数。因为 CD 音轨可以说是近似无损的,因此它的声音基本上是忠于原声的,会让人感受到天籁之音。CD 格式文件是不能直接从 CD 光盘上拷贝的,需要使用 EAC 这样的抓音轨软件把 CD 格式的文件转换成 WAVE 格式的文件。

WAVE 格式(扩展名为.wav):是微软公司开发的一种声音文件格式,用于保存音频信息资源,能够被音频处理类软件广泛支持。标准格式的 WAVE 文件和 CD 格式一样,也是 44.1 kHz 的采样频率,速率 88 Kbit/s,16 位量化位数,WAVE 格式的声音文件质量和 CD 相差无几。WAVE 格式是目前 PC 广为流行的声音文件格式,几乎所有的音频编辑软件都能识别 WAVE 格式的文件。

AIFF 格式和 AU 格式(扩展名为.aiff、.au):它们都和 WAVE 非常相像,在大多数的音频编辑软件中也都支持它们这几种常见的音乐格式。它们主要应用于 Macintosh 平台,在 PC 平台上并不流行。

2. 有损压缩格式

MP3 格式(扩展名为.mp3):指的是 MPEG 音频层,根据压缩质量和编码处理的不同分为 3

层,分别对应 ＊.mp1、＊.mp2、＊.mp3 这 3 种声音文件。MPEG3 音频编码具有 10∶1～12∶1 的高压缩率,同时基本保持低音频部分不失真,但是牺牲了声音文件中 12 kHz 到 16 kHz 高音频这部分的质量来换取文件的尺寸。MP3 是到目前为止使用用户最多的有损压缩数字音频格式。它的全称是 MPEG audio layer 3。

WMA 格式(扩展名为.wma):音质要强于 MP3 格式(只在 MP3 低于 192 Kbit/s 码率的情况下有效,当 MP3 采用 LAME 算法压缩时,当比特率高于 192 Kbit/s 时,普遍的反应是 MP3 的音质要好于 WMA),但压缩率比 MP3 更高。Windows Media Player 7.0 增加了把 CD 光盘转换为 WMA 声音格式的功能。

OGG Vorbis 格式(扩展名为.ogg):是一种新的音频压缩格式,类似于 MP3 等现有的音乐格式。但有一点不同的是,它是完全免费、开放和没有专利限制的。这种文件的设计格式是非常先进的,可以不断地进行大小和音质的改良,而不影响旧有的编码器或播放器。

3. 无损压缩格式

APE 格式(扩展名为.ape):是一种无损压缩音频技术,将 CD 上读取的音频数据文件压缩成 APE 格式,再将 APE 格式的文件还原,而还原后的音频文件与压缩前的一模一样,没有任何损失。APE 的文件大小大概为 CD 的一半。

FLAC 格式(扩展名为.flac):是无损压缩,FLAC 文件的体积同样约等于普通音频 CD 的一半,并且可以自由地互相转换,所以它也是音乐光盘存储在计算机上的最好选择之一,它会完整保留音频的原始资料,用户可以随时将其转回光盘,音乐质量不会有任何改变。

二、音频素材的获取

1. 从网上下载

音频文件可以从网上下载。现在网上音乐 MP3 文件由于版权方面的原因,有些网站已经停止下载,而只能在线收听。如果网上的音频资源只能在线收听,则可以利用具有在线录音功能的软件,如 Cool Edit 2000 程序进行录音,然后保存为相应的音频文件。

2. 录制 CD

对于 CD 音乐,我们可以通过豪杰超级解霸 2000 中的"MP3 数字 CD 抓轨"程序来抓取,把抓取后的声音保存为 WAV 或 MP3 格式。

3. 用麦克风录制

先把麦克风接到计算机的麦克风口上,然后启动音乐编辑软件,如 Cool Edit 2000,按下录制按钮,就可以通过麦克风把人的解说词、旁白、背景音乐等声音录制下来,并储存成 WAV 或 MP3 格式。

4. 多媒体素材库光盘

现在市场上流行的多媒体光盘中,往往都含有声音资料,一般以 WAV、MIDI 等格式存放。我们可以通过 Windows 的查找功能来寻找上述文件,这是一个十分快速、经济的方法。

三、音频素材的编辑处理

要使已有的音频文件能在多媒体设计和应用中更好地发挥作用,往往需要对音频文件进行一定的编辑、加工处理。

1. 音频格式转换

在 PowerPoint 2016 中,可以插入并直接播放的音频文件格式如图 3-43 所示。如果所获取的音频文件格式不是 PowerPoint 2016 支持的文件格式,可以使用格式工厂等软件转换音频文件格式。

图 3-43　PowerPoint 2016 支持的音频文件格式

在格式工厂中把音频文件格式转换为 MP3 的操作方法是:依次选择【音频】→【MP3】→【添加文件】→【确定】→【开始】(见图 3-44 和图 3-45),即可完成音频格式转换。

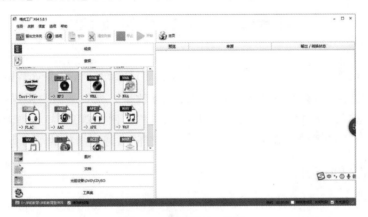

图 3-44　选择 MP3 格式

图 3-45　添加音频文件

在添加音频文件后,选择存储位置,便于查找转换后的音频文件。设置完成后,单击【开始】按钮,即可开始音频文件格式的转换。

2. 音频文件编辑

音频文件的编辑可以在格式工厂等软件中进行,简单的音频剪辑也可以在 PowerPoint 2016 中完成,如图 3-46 所示。选择开始时间和结束时间就可以完成音频的简单剪辑。

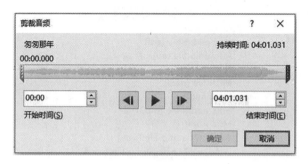

图 3-46 音频剪辑

任务二 视频素材处理

视频是连续的图像变化,当每秒超过 24 帧(frame)画面时,根据视觉暂留原理,人眼就无法辨别单幅的静态画面,看上去就有平滑连续的视觉效果。视频素材是多媒体素材中涵盖内容最丰富的媒体素材,既包含文本信息,也包含视频信息、图像信息,甚至是动画信息,可以同时从视听两个方面刺激学生,给学生创造逼真的学习环境,调动学生的学习兴趣。

一、视频文件格式

视频文件格式一般与其使用的标准有关,如 AVI 是 Video for Windows 的标准格式,MOV 是 QuickTime 的标准格式。常见的视频文件格式有以下几种。

1. AVI

AVI 是音频视频交错(audio video interleaved)的英文缩写,是由微软公司开发的一种符合 RIFF 文件规范的数字音频与视频文件格式,主要应用在多媒体光盘上,有时也出现在 Internet 上,供用户下载、欣赏影片的精彩片段。AVI 格式调用方便、图像质量好,几乎兼容所有视频编辑软件,但缺点是文件数据量大,所需的存储空间大。

2. MOV

MOV 格式即 QuickTime 电影文件格式,是 Apple 公司在其生产的苹果机上推出的视频格式,用于保存音视频信息,其文件的扩展名为 .mov。MOV 格式的视频文件可以采用不压缩或压缩方式。

3. ASF

ASF(advanced streaming format,高级流格式)是微软制定的另一种媒体播放格式,使用

MPEG4 压缩算法。在同等质量下,该格式的文件非常小,适合在网上播放和传输。

4. MPEG

MPEG 格式是压缩视频的基本格式,文件的扩展名为.mpeg、.mpg。MP3 音频文件是 MPEG 音频的一个典型应用。

5. FLV

FLV 是 Flash video 的简称,它形成的文件极小、加载速度极快,使得网络观看视频文件成为可能。FLV 视频格式除了本身占有率低、体积小等特点适合网络发展外,丰富、多样的资源也是 FLV 视频格式在在线视频领域占据主流地位的一个重要原因。现各视频网站大多使用的是 FLV 格式。几乎所有的视频播放器都能够支持 FLV 格式的视频播放。FLV 格式的视频还能够导入 Flash 文档中,同时避免文档因有视频文件而变得庞大。

二、视频素材的获取

1. 拍摄视频

智能手机拥有强大的拍摄功能,而且操作简单。拍摄过程中要保持画面的稳定,拍摄前选好角度,尽量横持手机。视频拍摄完成后可以通过网络通信软件或手机数据线将视频传输到电脑上。

2. 网上下载

网络上有丰富的视频资源,打开百度视频搜索主页,在文本框中输入检索关键词,然后单击【百度一下】按钮进行搜索。如在百度搜索引擎文本框中输入"教育部 砥砺十年 奠基未来",即可看到如图 3-47 所示界面,单击标题文字即可打开视频所在网站,在视频上单击鼠标右键,弹出快捷菜单,选择【另存视频为】(见图 3-48)即可完成视频下载。这是从网络上下载视频最简单的方式。此外,还可以在"抖音""哔哩哔哩"等手机 APP 中获取视频。无法直接从网络上下载的视频,可以尝试使用维棠 FLV 视频下载软件,这是一款真正的绿色的 FLV 视频下载软件,它可以将网站上的 FLV 视频的真实地址分析出来,并下载到本地,如图 3-49 所示。

图 3-47 百度搜索引擎

三、视频素材的编辑

1. 视频格式转换

随着信息技术的发展,在计算机上使用的视频格式种类繁多,但多媒体课件制作软件所支持的视频格式并不是非常多。在 PowerPoint 2016 中,可以插入并直接播放的视频文件格式如图 3-50 所示。如果所获取的视频文件格式不是 PowerPoint 2016 支持的文件格式,可以使用格式工厂、Premiere、剪映等软件转换视频文件格式。

图 3-48　下载视频快捷菜单

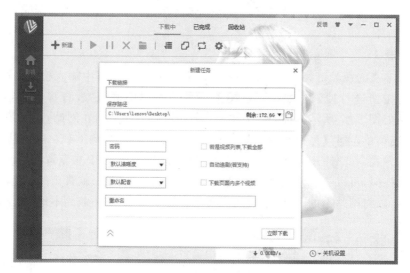

图 3-49　维棠视频下载界面

图 3-50　PowerPoint 2016 支持的视频文件格式

下面以剪映为例,介绍视频格式转换的方法,但并不是所有视频格式都可以使用软件完成文件格式的转换。

首先,启动剪映软件,单击【开始创作】,进入操作界面,如图 3-51 所示。

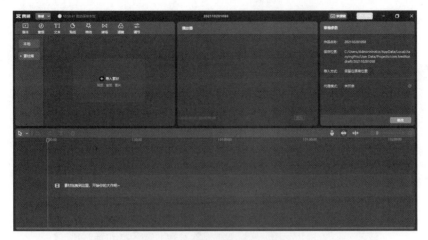

图 3-51　剪映软件操作界面

其次,单击【导入素材】,打开【请选择媒体资源】对话框,如图 3-52 所示,选择需要转换格式的视频,单击【打开】按钮。

图 3-52　【请选择媒体资源】对话框

再次,将视频素材拖动至时间轴,如图 3-53 所示。

最后,单击【导出】按钮,打开【导出】对话框,在【导出至】栏选择导出后存放的位置,在【格式】栏选择【mp4】,单击【导出】按钮(见图 3-54),完成视频格式转换。

2. 视频文件编辑

专业的视频编辑软件较多且功能强大,而幼儿园课件中使用的视频往往不需要复杂的编辑,主要是视频的剪辑。剪映、格式工厂等常见软件都可以完成视频的剪辑,PowerPoint 2016 中也有简单的视频剪辑功能,可以满足基本剪辑需要。在 PowerPoint 2016 中,选中要剪辑的视频,【视频工具】选项卡就会在菜单栏中显示,如图 3-55 所示。单击【视频样式】右下方的箭

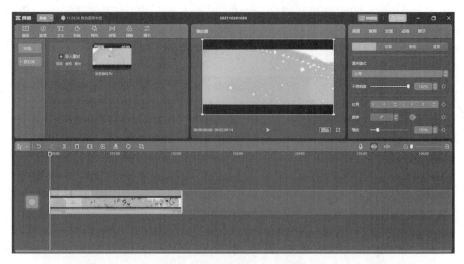

图 3-53 将视频拖放至时间轴

图 3-54 设置参数并导出

头,即可打开【设置视频格式】面板,如图 3-56 所示。在【视频格式】选项卡和【设置视频格式】面板中可以对视频的样式、亮度、色彩、排列、大小等参数进行调整。

图 3-55 【视频工具】选项卡

单击【视频工具】选项卡中的【播放】选项,可以对视频进行编辑,设置视频播放选项,如图 3-57 所示。单击【剪裁视频】打开【剪裁视频】对话框,如图 3-58 所示。在【剪裁视频】对话框中设置开始时间和结束时间,便可完成对视频的简单剪辑。

此外,PowerPoint 2016 还有屏幕录制功能,打开【插入】选项卡,单击【屏幕录制】按钮,即可启动屏幕录制功能,如图 3-59 所示。选择需要录制的区域,单击【录制】按钮,开始录制视频,按 Windows 徽标键+Shift+Q 停止录制,视频自动插入幻灯片中。

图 3-56 【设置视频格式】面板

图 3-57 【视频工具】选项卡【播放】选项

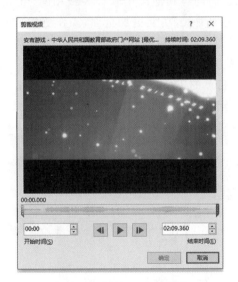

图 3-58 【剪裁视频】对话框

图 3-59 屏幕录制

项目十一 动画素材设计

Flash 是一种交互式矢量多媒体技术，具有表现力强、占用空间小等优点，而且有很好的交互功能，被广泛地应用于网页设计、网页广告、网络动画、多媒体教学课件、游戏设计、企业介绍、产品展示、电子相册等领域。Flash 动画是多媒体课件制作的常用素材，同时 Flash 可以用来制作多种类型的课件，如自学型、互动型、测验型、模拟型、趣味游戏型等。

任务一 认识 Flash CS6

Flash CS6 的安装、卸载、启动与其他应用软件大致相同。Flash CS6 的工作环境较之前的版本有较大的改变，界面更加美观，功能更加全面，操作更加方便。运行 Flash CS6 之后，可以看到如图 3-60 所示的程序窗口，可以使用各种元素来创建和处理文档和文件，这些元素的排列称为工作区。可以通过从多个预设工作区中进行选择和创建自己的工作区来调整应用程序，以适合用户的工作方式。工作区包括工具箱、时间轴面板、舞台、属性面板等。

Flash CS6 安装

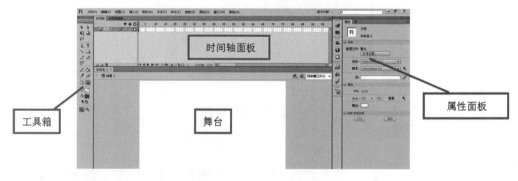

图 3-60 Flash CS6 工作区

1. 舞台

舞台是用户在创建 Flash 文档时放置图形内容的矩形区域。要在工作时更改舞台的视图，可以使用工具箱中的缩放工具。舞台上的最小缩小比例为 8%，最大放大比例为 2000%。若要放大某个元素，选择工具箱中的缩放工具，然后单击该元素。若要在放大和缩小之间切换缩放工具，可以按住【Alt】键单击。

2. 工具箱

工具箱中的工具可以分为四个部分，即工具区域、查看区域、颜色区域、选项区域。工具区域包括绘图、上色和选择工具；查看区域包括在应用程序窗口进行缩放和平移的工具；颜色区域包括用于笔触颜色和填充颜色的功能键；选项区域包括用于当前所选工具的功能键。

3. 时间轴

时间轴用于组织和控制一定时间内的图层和帧中的文档内容。Flash 文档将时长分为帧。图层就像堆叠在一起的多张幻灯胶片一样，每个图层都包含一个显示在舞台中的不同图像。时间轴的主要组件是图层、帧和播放头。

4. 属性面板

属性面板可以查看舞台或时间轴上当前选中内容的最常用属性。用户可以在属性面板中更改对象或文档的属性。

5. 库面板

库面板是存储和组织在 Flash 中创建的各种元件的地方，还用于存储和组织导入的文件，包括位图图形、声音文件和视频剪辑。利用库面板可以在文件夹中组织库项目，查看项目在文档中的使用频率，以及按照名称、类型、日期、使用次数或 ActionScript 链接标识符对项目进行排序。

 ## 任务二　逐 帧 动 画

逐帧动画是指在时间轴上逐帧绘制帧内容的动画，它具有非常大的灵活性，几乎可以表现任何想要表现的内容。

(1) 新建一个 Flash 文档(ActionScript 3.0)，命名为倒计时器。在属性面板中设置舞台大小为 200 像素×200 像素，背景为白色，FPS 为 1，如图 3-61 所示。

逐帧动画　倒计时器　　　　　　图 3-61　属性设置

（2）选择时间轴上的第1帧，单击鼠标右键，从弹出的快捷菜单中选择【插入关键帧】命令，插入一个关键帧。按照同样的方法在时间轴的第2～7帧分别创建关键帧，如图3-62所示。

图3-62 插入关键帧

（3）选择绘图工具栏中的文本工具，在第1～7帧分别写入阿拉伯数字，在属性面板中设置字体为Impact，字号为100点，颜色为♯FF0000，如图3-63所示。

图3-63 写入数字

（4）按【Ctrl＋Enter】组合键，测试逐帧动画的效果，如图3-64所示。

图3-64 动画效果

任务三 补间动画

补间是通过为一个帧中的对象属性指定一个值并为另一个帧中的该相同属性指定另一个值创建的动画。Flash 计算这两个帧之间该属性的值。补间动画制作技术通常只给出动画的起始和终止状态，而其他的动画状态由 Flash 生成，相对于逐帧动画而言，这样可以大大提高动画的制作效率。在补间动画制作中，对属性进行操作，可以得到不同的动画效果，如对位移、旋转、变形、速度、透明度及颜色等进行设置，可以使动画变得丰富多彩。

补间动画 风车

(1) 新建一个 Flash 文档(ActionScript 3.0)，选择【文件】→【导入】→【导入到舞台】，选中背景图片，将背景图片导入到舞台。在属性面板上可以看到背景文件大小为 600 像素×400 像素。选中舞台，在属性面板中将舞台大小改为 600 像素×400 像素。将背景图片放在舞台上，如图 3-65 所示。

图 3-65 导入图片

(2) 选择【插入】→【新建元件】，在【创建新元件】对话框中，设置名称为【风车】，类型为【影片剪辑】，如图 3-66 所示。

图 3-66 创建新元件

(3) 选择【文件】→【导入】→【导入到库】，将风车元件导入到库，然后按住鼠标左键将风车图片拖拽至风车元件，如图 3-67 所示。

(4) 单击场景 1，新建图层 2，命名为风车，将风车元件拖拽至风车图层，调整风车元件位

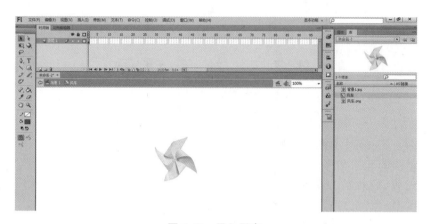

图 3-67　导入风车

置，如图 3-68 所示。

图 3-68　将风车元件导入新图层

（5）在时间轴面板上，选择第 50 帧，单击鼠标右键，在快捷菜单中选择【插入关键帧】，对背景、风车图层均执行本操作，如图 3-69 所示。

图 3-69　创建关键帧

(6)选中风车图层,在时间轴上单击鼠标右键,在快捷菜单中选择【创建补间动画】。打开属性面板(见图 3-70),设置旋转 6 次,方向顺时针。

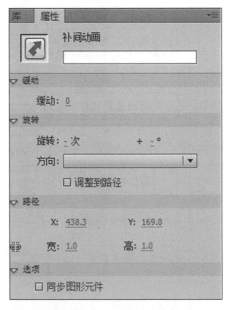

图 3-70 补间动画属性面板

(7)选择【控制】→【播放】,预览动画效果。选择【文件】→【导出】→【导出影片】,在【导出影片】对话框中,选择 GIF 动画格式,选择【保存】,如图 3-71 所示。除导出为.gif 文件外,也可导出为.swf 文件,前者在 PowerPoint 中可以作为图片插入,后者在 PowerPoint 中作为视频插入。

图 3-71 导出影片

自行搜集、编辑素材,设计制作主题为"我是中国娃"的保教活动课件。

内容导图

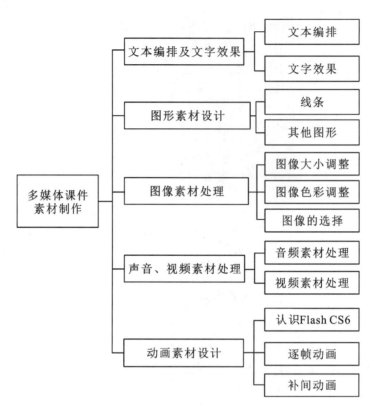

同步练习

一、名词解释

像素　　分辨率　　帧　　补间动画

二、填表

素 材 类 型	常 用 格 式	常用编辑软件	备　　注
文本			
图像			
音频			
视频			
动画			

三、论述题

试论述不同类型的素材在幼儿园多媒体课件制作中发挥的作用。

模块四 幼儿园教育活动课件设计与制作

学习目标

1. 提升教学信息化基本素养。
2. 培养创新精神,涵养教育情怀。

知识目标

1. 了解平面构图、色彩搭配基础知识。
2. 掌握幼儿园保教活动课件设计的基本流程。
3. 了解不同活动领域保教活动课件制作的差异。

能力目标

1. 掌握平面构图、色彩搭配常用技巧,并灵活运用。
2. 能制作教育性、科学性、技术性和艺术性较强的幼儿园保教活动课件。

案例导入

2021年全国职业院校技能大赛(高职组)
"学前教育专业教育技能"赛项赛卷——课件制作

1. 赛卷序号:第02卷。
2. 题目:主题活动——十二生肖。
3. 内容:"片段教学"课件制作。
4. 基本要求:

(1)内容要求:根据给定的素材包中的素材,完成"片段教学"课件设计,内容相对完整;PPT首页注明"片段教学"的内容主题、适用年龄段及活动领域。

(2)技术要求:利用给定的素材包中的素材,适当处理文字、图片、声音、视频等素材,合理运用超链接、切换、动画效果等技术,操作简便,运行稳定。

(3)课件效果:形象、直观,能服务于"片段教学"所需,以及符合所注明的年龄段及活动领域。

(4)课件制作在60分钟内完成。

附:

主题:十二生肖。

生肖是我国特有的民族文化,十二生肖由十二个小动物组成,而每个人都有一个生肖(属相),属相是孩子们生活中常接触到的一个有趣而又神秘的话题,对于孩子来说已不陌生,也有相关的认识和一定的知识经验。因其抽象性(如十二生肖的轮回)和复杂性(如生肖与年龄的关系),又使孩子认识它有一定难度。此主题涉及的科学探究、认知、语言、音乐等方面的内容较为丰富。利用多媒体课件其形象直观、生动活泼等特点,使抽象、复杂的生肖变得简单、有趣,幼儿非常喜欢。

本课件素材包括:图片 70 余张、GIF 动画 20 余张、音频 7 个、视频 1 个。其中图片有十二生肖中小动物的图片、生活中的十二生肖物品图片(如挂坠、服饰、摆饰等)、时钟图片和背景等。GIF 动画有十二生肖的小动物动画。音频有语言儿歌《十二生肖》MP3、幼儿歌曲《十二生肖》MP3。视频有《十二生肖的来历》MP4。另外还有儿歌和歌词文本等。

素材网址:http://www.chinaskills-jsw.org/content.jsp?id=2c9fe79276f2a6170178945b5d360065&classid=ff8080814ead5a970151265649470341。

项目十二 幻灯片版式设计

版式设计是一种传达设计,好的版式设计总是令人赏心悦目。美好的视觉依靠视觉形式来实现,视觉形式是传递信息的美感桥梁。视觉效果是多媒体课件制作必然要考虑的要素,影响视觉效果的因素主要有平面构图和色彩搭配。幼儿园多媒体课件应做到色彩协调、风格统一、画面设计新颖,富有童趣,使课件具有整洁美观的界面、和谐一致的风格、生动活泼的形式,以提高计算机辅助教学的效果。

一、平面构成的造型要素

所有的形态都与平面有着直接或间接的关系,对形态的认识和新形态的创造是平面构成的重点之一。平面构成的造型要素包括形体、色彩、质感,在平面构成形态中,点、线、面、体(空间)是最基本的形态要素。

1. 点

点在人们心目中的概念是非常小的形象,犹如一粒沙子。自然界中点的现象是非常多的,夜空中的星星、春天的花朵、海边的贝壳都是不同形状的点,如图 4-1 至图 4-3 所示。

图 4-1 夜空中的星星

图 4-2　春天的花朵

图 4-3　海边的贝壳

几何学中的点是无面积的,它只有具体位置,没有大小。我们可以把它看作是交叉接合处,或是线的两端,或是某一空间位置。在视觉艺术中,点是相对较小且集中的视觉单位。它是具有形状、位置、大小、面积、情感特征的抽象概念。点不具备方向性,点的大小是相对而言的。点是视觉语言的最小单位,可以是任意形状,而且要以一定的形状出现。点可以是一个数字、一种图形、一粒种子、一艘轮船,只要它在所处的环境中足够小。

点的形状不同,表现出的性格特点也不同,例如:

圆点:饱满、完整、圆润、柔顺,有动感(见图 4-4)。

方点:稳定、厚重、静止、冷静、平衡,有很强的滞留感(见图 4-5)。

实点:真实、肯定,有力量感。

虚点:虚幻、缥缈、柔软(见图 4-6)。

大点:醒目、单纯、层次少,有前进感(见图 4-7)。

小点:丰富、有光泽,琐碎而零乱,有后退感(见图 4-8)。

图 4-4　圆形石头

图 4-5　方形的积木

图 4-6　虚实对比

图 4-7 大点给人醒目的视觉效果

图 4-8 小水滴给人琐碎的感觉

自由点：形象随意、自在，往往具有方向性，形成某种视觉动态，有线的因素在内（如音符、标点符号）。

2. 线

线在生活中是很常见的，如直立挺拔的电线杆、绵延起伏的群山轮廓、优美柔和的水波。生活中的线如图 4-9 和图 4-10 所示。

几何学中的线是点移动的轨迹，线在空间里是有长度和位置但没有宽度的形态，它存在于面的边缘、交界的位置。

线在构成中是具有方向、长度、宽度、面积、情感特征和形象特征的视觉单位形态。当形体的长度和宽度比例到了一定程度的时候，就形成线。线有造型、分割、指示方向的功能。

由于线的长短、形状不同，可以分为各种不同的线。从形象上分为直线和曲线两种。直线有垂直线、水平线、斜线、折线四种形象，直接、锐利、理性，具有男性阳刚的特征。

（1）垂直线：具有力量感、伸展感，具有男子的特点；上升、下降有很强的运动感。

（2）水平线：平静、安定，有中年人的特点，有稳定感。

（3）斜线：具有运动感、方向性、不安定感，具有青年人的情感，45°斜线最具动势。与水平直线相比较，斜线更加活泼。

图 4-9　铁路线

图 4-10　武汉长江大桥

（4）折线：折线分为锯齿状、垛子状、齿轮状、阶梯状、松节状等五种形象，具有急促、锐利、紧张感，带有很强的指示性。

曲线有自由曲线和几何曲线两种，状态上有开放的曲线和封闭的曲线。曲线具有丰满、柔和、感性的女性特性。

（1）自由曲线：柔软、自由、优雅，具有柔性、柔美感。

（2）几何曲线：具有弹性、韧性、机械性，有规范、典雅、现代感和准确的节奏感。

3. 面

在自然界中，很容易发现面，如一片叶子、一粒种子。自然界中的面如图 4-11 所示。

几何学中，面是线移动的轨迹，具有长度、宽度和面积。在平面构成中，面是视觉形态的基本形，具有形象特征和情感特征。

面可以通过基本几何形的添加、减去来得到任意的平面形态；各种不同的线闭合后，构成不同形状、不同性质的面。它在轮廓线内完整填充形成积极的面，给人以明确、突出的感觉；也可以通过不完整的填充，依据视觉经验来形成消极的面，产生虚幻、不真实的效果。

面是设计中常用的视觉造型元素，它的大小、曲直变化对设计的整体布局有很大影响，而

图 4-11　面的自然形态

在版面设计中,都在有意或无意地进行面的分割、组合、虚实交替等处理,借此来增强版面的整体效果。

二、版式设计原理

在版式设计中常用的形式原理有平衡原理、秩序原理和生活经验等。

1. 平衡原理

一个平衡的版式可以看成是由一系列的元素构成的视觉体系,可以给人们一种恒久的稳定感。平衡常见的表现形式有对称、均衡等。

(1)对称:人们发现自己的身体、花朵、昆虫的翅膀、动物的身躯等大自然的造物都具有对称的形式,人类本能地追求对称,营造一种顺天的潜在心理暗示。对称带来了一种庄重、稳重、安定、完整的感觉。

对称式构图如图 4-12 至图 4-14 所示。

图 4-12　抗疫主题剪纸

(2)均衡:指在假定的中心线或支点的两侧,形象各异而量感等同。意大利著名建筑师布鲁诺·赛维认为:"对称性是古典主义的一个原则,而非对称性是现代语言的一个原则。"现代

图 4-13　天平

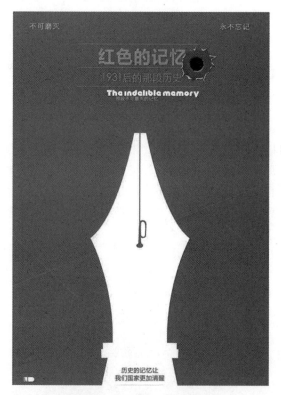

图 4-14　学生张桂彬作品

版式设计中,均衡被大量使用,取得了主导地位。它不对称的结构冲破对称的布局,使版面形式更趋于自由。

均衡式构图如图 4-15 所示。

2. 秩序原理

整齐有序的摆放,既方便又美观。格式塔心理学中提高相似性原则,即相同或相似的形象在组合时容易获得整体感,并且弱化视觉引起的心理紧张。

(1)重复:指不分主次的反复并置。可以理解为多次拷贝后排列的结果,元素排列的距离、

图 4-15 杆秤

方式一致。人们去阅读一个重复形式,通过了解排列就可以把握住视觉的全部。重复构成如图 4-16 和图 4-17 所示。

图 4-16 万花筒

(2)渐变:指元素的逐渐变化。在渐变的过程中,改变是均等的,这一过程离不开重复。渐变是特殊的重复。渐变的过程很重要,改变的程度太大,速度太快,就容易失去渐变所特有的规律性,给人以不连贯和视觉上的跃动感。反之,如果改变的程度太慢,就会产生重复感,但慢的渐变在设计中会显示出细致的效果。

(3)方向:方向指正对的位置和前进的目标。方向的指引在版式设计中具有引导视线的作用。人眼在阅读时只能有一个视觉焦点,阅读过程中视觉有自然流动的习惯,也就形成了一个阅读顺序,体现出一种比较明显的方向感。这种视觉的前后关系就是视觉流程。视觉的流动

图 4-17 扎染

方向具有一般性规律：由大到小、由动到静、由特殊到一般等。

（4）对齐：指两个以上形态配合或接触得整齐。在版式设计中，对齐可以确定形态的位置，使我们的阅读沿着稳定的视线移动，具有秩序性。版式设计中真正的对齐应该是一种视觉的对齐：起始的对齐、结束的对齐、上边的对齐、下边的对齐、中轴线的对齐，以上几种对齐的混合表现。

（5）间隔：可以理解为距离，是一种心理上的亲近程度。间隔可以表现出版面中各元素之间的关系。

（6）分割：指整体切割为部分。有尺度的分割可以产生秩序性，过细的分割反而过犹不及。好的版面分割是版式框架构成的第一步。对版面的分割，可以依据两个原则：一是审美性，分割必须是有意识的设计行为才能产生美；二是功能性，分割不是为了分而分，形式必然和功用联系起来，分割后的部分，必须承担一定的意义。版面分割如图 4-18 所示。

（7）统一：指构成要素的组合结果在视觉上取得的稳定感、整体感和统一感，是各种对立或非对立的形式因素有机组合而构成的和谐整体。版式设计要求整体感，保持风格上的一致。根据总体设计的原则来把握内容的主次，使局部服从整体。版面各视觉要素间要能够形成和谐的关系，而不是孤立地存在。在设计中要突出核心元素，使标题的长短、字号的大小、字体的区别、栏宽的差异、组合的主次等各个部分的特征得到体现，形成统一的整体感。

形式美感要依靠读者的阅读传递信息，读者能够看懂设计是设计作品价值的体现。在版式设计中合乎逻辑的排版秩序，能够更加易懂，提高传达效率。

三、构图

1. 构图基本知识

构图是指创作者对自己想要表达的思想，在一定的空间范围内，以某种表达对象作为主题，以单一或多重形象为主体，进行整体与部分、主体与衬托等要素的空间位置的组织安排，形成要素之间特定的结构、形式。构图是造型艺术的形式结构，是全部造型因素与手段的总和。

在与视觉效果相关的不同艺术领域，构图的称谓会有差别。比如：在绘画上，称为"构图"；

图 4-18　分割

在书法领域,变得极为丰富,从单个字来看有"间架结构",从作品上看有"布白章法";摄影上则称为"取景";到了城市规划领域,称为"布局";在造型设计领域,则称为"构成",等等。

创作者把其想要表达的思想凝聚到作品的各个构成要素上,这些要素可称为艺术形象,一个作品的艺术形象的空间关系实际上就是构图。

构图概念的内涵丰富,它包括:
(1)艺术形象在空间位置的确定。
(2)艺术形象在空间大小的确定。
(3)艺术形象自身各部分之间、主体形象与陪体形象之间的组合关系及分割形式。
(4)艺术形象与空间的组合关系及分离形式。
(5)艺术形象所产生的视觉冲击和力量感。

(6)运用的形式美法则和产生的美感。

构图显示了作品内部结构与外部结构的一致性,反映了作者思想感情与艺术表现形式的统一性,是艺术家人格力量和艺术水准的直接体现,也往往是艺术作品思想美和形式美之所在。为此,构图能力在美术创作中,构图分析在美术欣赏中,占有相当重要的地位。在创作过程中,构图是较为重要的一步,重点应把握:

第一,确定构图的基本形和形式线。分割画面的主要长线有竖线、横线、斜线、折线、波浪线,在构图中起主要作用;画面表现形象主体组合的基本形状有三角形、圆形、断环形、放射形、旋形、同心圆、十字形、栅栏形、S形等。正是这些形式线和基本形成为构图的主要构成形式因素,由于基本形和形式线与世界上各种自然现象或人的形态相似,便具有丰富的感情联想。

例如,古埃及建筑胡夫金字塔三角形构图的稳定感,其巨大的震慑力,使千百万奴隶感到奴隶主统治的不可动摇。再如,俄罗斯圣彼得堡雕塑彼得大帝纪念碑斜线构图的运动感,体现了这位政治革新家那勇往直前、不断向上的精神气概。因此,构图的形式线和基本形也是形象产生美感的主要因素。

第二,探求构图所运用的形式美法则。迄今为止,形式美法则有两类八对十六种:均衡与对称、渐变与重复、对比与调和、比例与尺度、节奏与韵律、陪体与主体、微差与统调、特异与秩序。前者多显示生动性,而后者显示秩序性。

这些形式美法则,包含了生动与秩序,变化与统一,多样与整体,既对立排斥,又影响制约的两个因素。它们相辅相成,存在于一个统一体中,这便是形式美法则的本质和灵魂所在,也是运用形式美法则必须遵守的规律。如过分追求生动、变化,构图会变得杂乱无章,这样不仅失去了秩序美,原先所追求的生动美也荡然无存;反之,如一味强调构图秩序、统一、稳定、平衡,作品会变得呆滞。要处理好每对法则中两者之间的关系。

2. 常见构图方法

多媒体课件的每一个交互界面实际上都是一幅画面,画面的构图直接影响整个课件的效果。下面介绍几种常见的构图方法。

(1)对角式构图:把主体安排在对角线上,达到突出主体的效果,富于变化、生动,线条感使得画面主次分明,吸引人的视线,结构平衡舒适(见图4-19)。

图4-19 对角式构图

(2)环形构图:主体处在四周,呈环形或圆形围绕,可产生强烈的整体感,常用于不需要特别强调主体的情况,着重表现场面、渲染气氛。

(3)九宫格式构图:将主体或重要景物放在九宫格交叉点的位置上。"井"字的四个交叉点就是主体的最佳位置。这种构图形式比较符合人们的视觉习惯,使主体成为视觉中心,画面趋向平衡(见图4-20)。

图 4-20　九宫格式构图

(4)正三角式构图:在画面中以三个视觉中心为景物的主要位置,或以三点成一面的几何形安排景物的位置,形成一个稳定的三角形。正三角式构图具有安定、均衡、沉稳等特点(见图4-21)。

图 4-21　正三角式构图

(5)S形构图:是指物体以"S"的形状从前景向中景和后景延伸,画面构成纵深方向的空间关系的视觉感,一般常见于河流、道路、铁轨等物体。这种构图特点是画面比较生动,富有空间感(见图4-22)。

(6)对称式构图:给人以平衡的感觉,画面结构均衡,相互呼应。对称式构图具有平衡、稳定、相对的特点(见图4-23)。

(7)三分式构图:可横向三分或纵向三分,把画面分成三等份,每一份中心都可放置主体形态,适宜表现多形态平行焦点的主体。

图 4-22　S 形构图

图 4-23　对称式构图

(8)对分式构图:将画面左右或上下分为 2∶1 比例的两部分,其中一部分是主体,另一部分是陪体(见图 4-24)。

图 4-24　对分式构图

(9)黄金螺旋:在矩形中按照黄金比例无限分割,使最终的点成为视觉中心,眼睛也无意中捕捉到了一条生动的美丽线条(见图 4-25)。

图 4-25 黄金螺旋

 任务二　色彩搭配

蓝色的天空与海洋、绿色的森林、黄色的谷物、红色的花朵,色彩与人类相伴,从远古走到了今天。人们生活在光和色的五彩缤纷世界里,享受着四季色彩的斑斓,感受着日出日落的光影变幻。色彩对于儿童而言是美好的、愉悦的,带有浓厚的感情色彩。幼儿园多媒体课件中的色彩搭配直接影响着儿童的学习兴趣和注意力,因此,灵活运用颜色,巧妙搭配色彩,让人产生舒适的色彩感受显得尤为重要。

一、颜色的基本属性

为了能更好地描述色彩关系,美国教育家、色彩学家、美术家孟塞尔,创立了以色彩的三要素色相、明度、纯度为基础的色彩表示法(见图 4-26)。

1. 色相

色相是指色彩的不同相貌。色相是区分色彩的主要依据,色相差别是由光波波长的长短

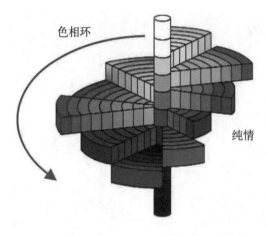

色彩搭配彩色
图例

图 4-26 孟塞尔色立体

产生的。色彩的相貌以红、橙、黄、绿、青、紫的光谱色为基本色相,形成了色相环上的变化规律。在孟塞尔色彩体系中,色彩的首要特征就是色相,色相是用来区分不同颜色的第一指标。色相由原色、间色和复色构成,从表面上来看,好像颜色搭配只有不多的几种,而实际上,除了黑、灰、白以外的其他任意颜色都是有色相属性的,并可以呈现出无限丰富的变化。

色相环如图 4-27 所示。

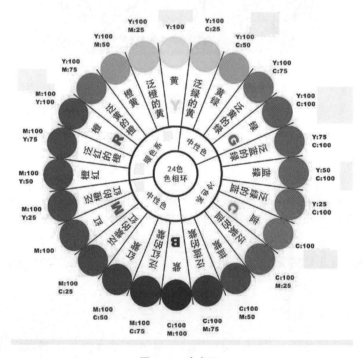

图 4-27 色相环

2. 明度

明度是指色彩的明亮程度。物体的颜色是物体反射的光的颜色,有些物体反射的光量较大,对应颜色的明度就大,反之明度就小。明度有两种情况:一是同一色相的不同明度;二是各种颜色的不同明度。

一种颜色,从完全不反光的黑色到完全反光,划分为十个梯度,为颜色的明度。不同颜色的明度是不一致的,比如反射度为100%的黄色,看起来就要比反射度为100%的蓝色亮一些。

色彩的明度变化如图4-28所示。

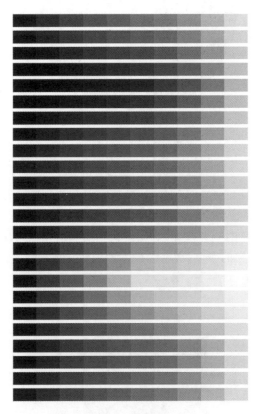

图 4-28　明度变化

在无彩色系中,最高明度是白色,最低明度是黑色,在白、黑之间存在一系列的灰色。在有彩色系中,因为每个色相的波长不同,视知觉的明暗程度也不同。最明亮的是黄色,最暗的是紫色。一般来说,色彩的明暗变化也会影响纯度的变化。

3. 纯度

纯度是指色彩的鲜艳程度,又称彩度、饱和度等。色彩纯度越高,色相越明确,反之则越弱。色彩的纯度变化如图4-29所示。

色彩的纯度、明度不成正比,纯度高不等于明度高,明度的变化往往同纯度的变化是不一致的,这是由人的视觉生理条件所决定的。美国色彩学家孟塞尔根据对色彩体系的研究,总结了色彩明度最高的是黄色,最低的是青紫色;纯度最高的是红色,最低的是青绿色。

二、颜色的搭配

在色彩搭配中,掌握和表现色彩属性之间的关系是至关重要的,处理好了这种关系,就能使简单变得丰富,使平凡变得高尚,使色彩美的张力得到充分发挥。

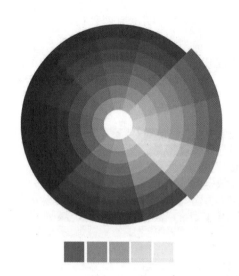

图 4-29　纯度变化

在色彩搭配上，颜色按照在色相环上的位置情况可分为同色系、近似色系、对比色系三种。其中，把色相环上正好相差 180°的两种颜色称为互补色。同色系是指非常接近的一些颜色，近似色系则会给人较为明显的颜色差异，对比色系则属于对比效果比较鲜明的颜色搭配（见图 4-30）。补色是色相差异最大的颜色，会给人最强烈的对比效果。

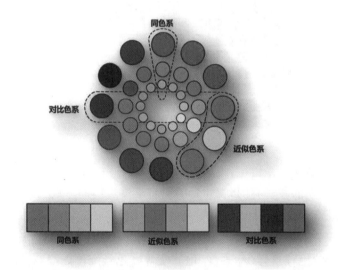

图 4-30　颜色对比

因色相的差别而形成的色彩对比叫色相对比。判定两种颜色在色相上的对比度，应借助色相环。任何一个色相都可以作为主色，组成同类、近似、对比的色相对比。在色相环上的连续过渡色，距离在 15°以内，这样的色相对比称为同类色相，是最弱的色相对比。严格来说，同类色系是同一种颜色在明度与纯度上的对比，这种对比融合性很强，整体协调一致，显得单纯、柔和、协调，但也容易给人以平淡、乏味、缺少变化的感觉。正因为变化较少，应用起来顾忌较少，所以容易被初学者所掌握。

在色相环上，距离在 15°～45°之间的两种颜色，称为近似色或邻近色，对比明显要强于同类色系，让人感觉到色彩更加丰富和活泼，能够弥补同类色对比的不足，同时还能保持色相的统一、协调，给人以单纯、雅致、柔和的感觉。

距离在 120°左右的两种颜色，一般称为对比色，这种对比效果则显得更鲜明、清晰，也容易让人形成视觉以及精神上的疲劳。一般用来突出主体，不能够大量应用，属于更加难以驾驭的颜色搭配。用得好，能满足人们视觉和心理对全色的需要，具有饱满、活跃、紧张、力量的特性，也可以表现幼稚、原始、粗犷的美感。用不好，会产生搭配不协调、混乱、粗糙、不安定的感觉。

色相环上距离在 180°左右的颜色，是最为强烈的对比色，称为互补色，是色相强对比。

补色是颜色搭配中最难以掌握的应用方法，能够产生更完整、更丰富、更强烈、更富有刺激性的对比效果。其优点在于能够产生较强的刺激，极易抓住观赏者的目光，但短处是不安定、不协调、过分刺激，容易形成幼稚、粗俗的感觉。要想把互补色相对比组织得统一与协调，具有鲜明倾向，这需要非常高的配色技术，对使用者颜色掌控技巧以及个人在色彩上的修养要求极高。

在 PowerPoint 中，已经预置了一些色彩搭配方案，刚开始使用时，我们可以尽量应用这些预置好的方案，一方面能够提高制作效率，另一方面可以为今后制作自己的色彩搭配方案提供参考。不同版本的 PowerPoint 色彩预置会有差别，图 4-31 所示为 PowerPoint 2016 版的预置配色方案。

选择【紫红色】主题，在幻灯片页面中选择任意图形，在【格式】→【形状样式】中即可看到紫红色主题的颜色搭配方案（见图 4-32）。这种方式对初学者来说较为实用。为了契合幼儿园教育活动主题，要求课件制作者能根据主题特点设计配色方案。色彩搭配在生活中应用较为广泛，如服装颜色搭配、家具颜色搭配、建筑物颜色搭配等。课件制作者可以通过认真观察生活中常见物品的色彩搭配，感受不同色彩搭配带来的视觉体验，积累色彩搭配的经验。

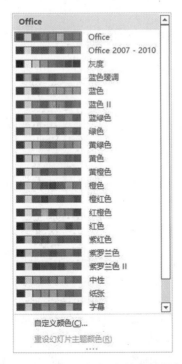

图 4-31　PowerPoint 2016 版的预置配色方案

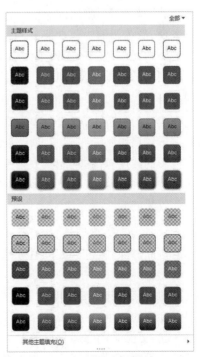

图 4-32　形状样式

三、色彩的作用

(一)色彩的心理作用

1. 不同色彩给人的心理感受

红色:能让人联想到燃烧的火焰,给人以快乐、奔放与热情的感觉,象征热烈、炽热、吉祥、喜悦、力量和成熟等。当红色的明度变低时,则给人以血液的联想,会让人产生危险、恐怖、血腥、躁动、暴力和庸俗的意象。

黄色:让人联想到黄金,具有光明、希望的含义,在心理上给人灿烂与崇高的感受,正面意象代表明朗、活泼、愉悦、轻快、财富和权力。当然,就像过度追求金钱与权力会给人带来罪恶一样,黄色也能代表负面的奢靡、荒淫、罪恶、背叛、狡诈的含义,具有胆怯、骄傲、轻薄等负面意象。

白色:给人的感觉就是干净,让人联想到柔软的白云、飞舞的雪花等。白色具有色感明亮、质朴纯洁的性格特点,表现为干净、单纯、质朴、贞洁的心理感受,也能用来表达空虚、寂寞的感觉。当白色的明度降低后,则会出现虚无、无力、寒冷、严峻、空虚的负面意象。

银灰色:是一种不含色彩倾向的中性色,能够让人在心理上产生含蓄、大方、沉稳、安宁、典雅、细腻等感受,也容易给人带来寂寞、乏味、枯燥和忧郁的感觉。

2. 冷色、暖色与心理

从色相环上看,暖色是以橙红色为中心左右大致 60°范围内的色群。暖色系常使人联想到炎热的夏天、燃烧的火焰等,能给人温暖、兴奋、热烈、安全的感受,用于表现积极、健康、努力等方面的主题,比较适合于少年儿童主题的内容设计。冷色则是以蓝色为中心的色群,常会给人造成寒冷、薄弱、清爽、收缩的感受。

一般来说,冷色调的颜色在明度和纯度比较低的状况下,会给人以更强的收缩感。在冷色调的基础上添加无彩色调和所得到的色彩皆属于冷色调的范畴,这样的配色给人冷静、坚定、干练、理智、可靠的视觉印象。

3. 明度、纯度与心理

在色彩设计的过程中,假设在整体印象不发生变动的前提下,维持色相与纯度不变,通过加大明度差可以增添画面张弛感,增强对比度。

画面色彩的纯度越高,越能给人强有力的视觉刺激;相反,色彩的纯度越低,画面的灰暗程度就越明显,产生的画面效果更加平淡、柔和甚至是灰暗。因此,掌握好色彩的纯度,能够营造出不同视觉效果的画面感受。

(二)色彩的质感效应

色彩的空间进深:暖色给人以迫近感,看起来比实际空间距离更近;而冷色调使人感觉远离、深远。

明度高的颜色看起来要比明度低的颜色显得近一些,想要表现跃动、亲近、刺激等氛围就需要选用明度高的色组,想要表现深邃、遥远、寂寥、昏暗等氛围则可以选择明度低的色组,将两者放在一起,更能够产生远与近的对比,由此创造出截然不同的视觉效果。

色彩的重量感:色彩能够使人在心理上产生轻与重的感觉,色彩轻重的判断主要受到明度的影响,一般来说,明度大的颜色感觉较轻,暗色感觉较重。

在具体的应用中,选用明度高的浅色系,如浅绿、天蓝、浅紫等富有明快简洁韵味的颜色来表现轻盈清爽的印象,有助于人们扩大视野空间,带给人们平和、安静、轻松的心情,起到改善疲劳和减轻心理负面情绪的作用。明度低的深色系具有较强的重量感,使用深棕色、棕红色、咖啡色等颜色,可以彰显出大气高雅的气质,具有稳重、严谨、沉着的特质和稳定心绪的作用。

色彩的品质感:色彩也能表现出不同的品质感。因为在日常的生活经验中,塑料、橡胶这样的廉价材料会使用较为鲜艳的颜色,而金属、木材之类的贵重材质会使用如纯黑色、浓紫色、较暗的红色、金色等颜色,这种经验的累积,就给了人们对色彩品质感的认识。人们通常的印象是,廉价的物品会选用绚丽的色彩进行设计,档次较高的物品则会选用比较简约深沉的色彩进行设计。同样,色彩的品质感与色彩的数量息息相关,色彩数量较多的物品容易给人廉价的印象,而应用单一色彩或者是近似色系的物品容易给人高档的印象。

(三)色彩的情绪作用

不同的色彩能使人产生或兴奋或安静的感觉,暖色、纯度和明度高的色彩,对人的视网膜及脑神经的刺激较强,会促使血液循环加快,让人心潮澎湃,产生兴奋感。相反,冷色、纯度和明度低的色彩对视网膜及心理的作用较弱,让人的心绪平稳,产生沉静感。色彩奋静感的表达,与色彩氛围和意境有着紧密的关系,当创作与设计的主题确立,可以通过采用高纯度、高明度的色彩调动人们的情绪;也可以采用低纯度、低明度的色彩来压制心理亢奋,达到平抚人心的作用。

秀"色"可餐,武汉地铁的9种颜色

项目十三 幼儿园教育活动课件制作

随着信息技术的快速发展,多媒体课件已被幼儿园教师广泛使用。它对幼儿园的教学活动起到了很大的辅助作用。多媒体课件有效地将文字、图形图像、动画、声音和视频相互结合,具有直观、生动、形象、感染力强的特点,能极大地激发幼儿的学习兴趣和主动性,有效地提高幼儿的认知能力,从而大大提高课堂教学效率。

任务一 幼儿园教育活动课件的内容选择

幼儿园多媒体教学课件的设计中很重要的一点就是内容的设计,主要从以下几个方面来考虑。

一、明确课件在完成教学目标中的作用

任何时候,教学目标确定的根本意义在于使教学更具有规范性,而一切教学手段的应用都要以体现教学思想和教学目标为根本出发点,课件的使用也不例外。所以首先要明确教学活动的目标,然后确定目标的实现是否需要教学课件的辅助,绝不能为了用课件而用课件。

幼儿园多媒体课件的特征是大都以动画故事和计算机游戏的形式出现,但所有多媒体元素的使用以及课件中的所有环节都要围绕教学内容、教学目标来设计和安排,要将教学目标中的各种知识、能力点合理地编排进画面内容中去,用多种方式来展示平时"看不见、进不去、动不得、难再现"的教学内容。素材的使用要丰富、灵活,突出重点和难点。

二、明确课件在教学中的实用性

目前,很多幼儿园都要求教师在教学活动中使用多媒体课件,并且作为评价教师教学能力的标准之一,导致许多幼儿教师每课必用多媒体课件,但实际上很多活动并不适合使用多媒体课件。还有老师认为幼儿园多媒体课件一定要做得动感十足,加入了大量的动态图片,反而起到了分散幼儿注意力的不良作用;有的课件设计得比较漂亮,内容也比较丰富,然而大部分脱离了实际的课堂教学,教学实用性差。从设计的角度看,能够使用传统的教学手段或其他媒体形式就能达到相应教学效果的内容,就没必要费时、费力地使用多媒体课件。因此,设计课件时要充分考虑实际的教学需要,选题必须精心、准确,体现实用性。

1. 多媒体课件适用于创设情境,引起幼儿的学习兴趣

从教育心理学的角度来说,学习兴趣是一个人倾向于认识、研究获得某种知识的心理特

征,是可以推动人们求知的一种内在力量。学习兴趣一般分为个体兴趣与情境兴趣。所谓情境兴趣,发生在环境中的某些条件刺激或特征具有吸引力并为个体所认识的那一刻。图、文、声、像并茂的多媒体课件,往往能够延长幼儿的无意注意时间。多感官的同步刺激使幼儿的信息获得渠道最大限度拓展,形成感官间相互验证记忆,有效形成幼儿对知识的记忆。多媒体课件应创设新颖有趣的情境,充分调动幼儿脑、耳、口、手多种感官,达到感性认识和理性认识的有机结合。

多媒体课件还能模拟出符合幼儿认知特点的虚拟情境,让幼儿获得可控的安全感,从而形成学习的良性情绪。

2. 多媒体课件适用于传统教学难以表达或不能表达的内容

在教学实践中,可以使用多媒体课件对那些感到比较抽象的事物,比方说科学领域里的很多抽象事物,或者是动态的难以观察的事物进行展示。比如青蛙捕食害虫的过程,肉眼是无法看清的,可以通过高速摄影机来拍摄,然后做成视频插入到课件里,让幼儿能够通过慢动作看清楚青蛙如何用舌头捕食害虫。

有些事物在一段时间内是逐渐发展变化的,短时间里看不出这种变化,同样也可以利用多媒体课件来展示,往往能达到图片、实物等传统教育媒体难以企及的效果。比如小蝴蝶的一生,从卵、幼虫、茧逐渐变化成美丽的蝴蝶的过程。

3. 多媒体课件适用于其他教学方式难以实现的互动活动

互动是多媒体计算机所具有的最独特及强大的教学手段,通过程序的设计,能够具有丰富的互动形式。不同的操作产生不同的结果,激发幼儿强烈的探索欲望。这种互动往往应用在科学领域的活动之中,还可以通过课件中的角色与幼儿进行语言与情感上的互动,来激发幼儿参与活动的积极性。创设的动画角色可以与幼儿之间进行语言上的互动(课件制作时预置好对话方式,由教师根据幼儿的提问或回答有选择地应对),这种互动对幼儿的吸引力无疑是巨大的,特别是当幼儿得到动画角色的表扬时,更是会获得空前的满足感与进一步学习的强大动力。

三、发挥优势,突出重点,攻破难点

多媒体课件是为了让孩子更好地理解教学知识而设计的,不是简单的黑板、课本、挂图的替代,不一定要贯穿整个教学活动始终,也没必要面面俱到地将学习内容都呈现到课件上。发挥多媒体课件的优势,针对教学内容的重点和难点来着重设计,找到解决的方法和突破口,成为活动过程的爆发点,帮助幼儿理解较抽象的概念,化深为浅,化难为易,这是多媒体课件的利用价值所在。

例如"光合作用"是教学的难点,在很多百科全书或科学读物上,"光合作用"的表述都十分抽象难懂。大班幼儿无须准确地掌握这一概念和过程,只要明白这一简单的现象即可。怎样让幼儿理解光合作用呢?我们可以设计以下简单的、拟人化的三幅图片:

(1)人类活动,汽车奔驰,释放出许多二氧化碳。我们在画面上人的嘴边和汽车的尾部画上一个个灰色的、大小不一的泡泡,让这些泡泡具有较强的立体感。

(2)当太阳照到树木上时,树木张开大嘴巴,把灰色的二氧化碳泡泡全部吸入到自己的身体里。树木可以形象地画出吸气的表情。灰色的二氧化碳泡泡朝树木的方向飞去。这一画面对于幼儿理解树木吸收二氧化碳十分形象直观。

(3)树木释放氧气,所不同的是树木吐出的氧气泡泡是清新的、淡蓝色的。

这样,通过形象的拟人化图画,幼儿基本理解了光合作用的过程,能说出光合作用的大概含义。

四、课件设计要以幼儿的认知特征作为根本依据

根据不同年龄阶段幼儿的认知特征,多媒体课件在内容的选择上可能会呈现出巨大的差异。

以 3~4 岁幼儿为例,色彩的敏感期会出现在这个时期。可以观察到这个年龄段的孩子喜欢认识色彩,他们会在纸上只涂一种颜色或者很少量的单一颜色,这说明孩子目前对于这几种颜色特别敏感。敏感期中的幼儿往往对敏感的对象表现得相当痴迷,特别是在绘画敏感期表现得尤为突出。教学中要抓住这一特点,了解班级里每一个孩子的敏感色彩,在课件中为每一个幼儿留一个独特的色彩天地,来抓住幼儿的注意力。

再如,4~5 岁幼儿在思维上仍然以形象思维为主,依赖于具体形象、表象以及对表象的联想而进行,对抽象问题往往困惑不解,所以就要多发挥多媒体课件的直观优势,帮助幼儿从直观过渡到抽象,从孤立看问题过渡到联系因果、前后等逻辑关系看问题。

总体来说,幼儿的注意力更倾向于特征明显、能引起儿童注意及兴趣的事物,通过"新""奇""趣"的课件设计可以抓住幼儿的注意力。幼儿的天性是喜好游戏的,利用多媒体课件的交互设计可以培养幼儿的探索精神。利用幼儿的情感迁移的思维特点,创设符合他们认知特征的情境,能够使他们在良好的情绪中持久地学习。

任务二　幼儿园教育活动课件的互动方式

多媒体课件的互动性也称交互性,是指多媒体计算机与学习者之间进行双向的信息交流,计算机可以向学习者输出信息,同时接收学习者的输入命令,并根据命令进行相应处理。交互性是多媒体课件最难以被替代的特性,互动设计得好,能够极大地激发幼儿参与教学活动的积极性,也利于幼儿的自学。在交互式的设计中,应尽量注意教育内容的相互渗透,要多设计一些提问、练习和适合幼儿操作的小游戏,促进幼儿的主动学习。课件的设计应该包含游戏的成分,把活动内容通过游戏有规律地渗透于课件之中,让孩子与课件充分交互,在参与当中充分发挥自己的能力,成为课件当中的一个角色,这样的课件才符合孩子的学习特点和思维水平。

按认知学习理论的观点,人的认知不是外界刺激直接给予的,而是外界刺激与人的内部心理过程相互作用产生的,所以教师要在课件互动设计上下功夫,使互动设计起到发挥幼儿学习主动性、积极性的作用,让幼儿在主动参与的活动中,建构自我,体验成功,树立自信心。同时,自信心的建立又能促使幼儿更积极主动地参与教学活动,满足成功体验的需要。这样就形成了良性循环的教育过程,幼儿的自我认识意识、主体性品质获得持续发展。

一、常见的互动方式

1. 对话式互动

这种互动类型往往使用在语言领域的教学活动中,在构建一个情境之后,课件通过相应的问题设计,利用动画角色要求幼儿与之对话,引导幼儿进行语言交流。

2. 响应性互动

响应性互动主要用于科学、数学类具有一定探索意义的活动课上,在游戏的过程中,让幼儿通过手动操作去感知与现实相关的物理特性、数量关系、时间变化等,并且根据幼儿的不同操作,给出不同的结果。

响应性互动也可以应用到艺术类课程的美术活动中,比如在条件较好的幼儿园里,设计相应的绘图板课件,发送到幼儿手里的 Pad 上,让幼儿可以任意涂鸦,也可以事先给定一些线条画造型,比如一些小动物、动画人物等,让幼儿选择自己喜欢的造型,然后进行填色活动。

3. 评价性互动

评价性互动主要用于激发幼儿参与教学活动的积极性。老师可以事先设计一些有趣的评价语言,激发儿童的竞争意识,积极踊跃参与到活动之中。

二、互动设计要点

1. 互动操作要简单、直观

多媒体课件互动设计需要注意操作的直观与简便。花费大量精力制作出来的多媒体课件必然不会只限于制作者自己使用,所以在互动设计上就要考虑到其他人的使用是否方便。在课件的操作界面上要有含义明确的按钮和图标,支持鼠标和键盘的操作,最好设置帮助链接。模块化设计互动环节尤为重要,可以方便他人选择所需的内容,根据具体情况增删内容或改变内容的顺序。

2. 互动操作要具有层次性和兼顾性

如果幼儿也是课件的互动操作者,就必须考虑使操作具有层次性和兼顾性,即操作难度、方式和结果的呈现要考虑不同幼儿的智力发展和身体发育状况,同时要考虑不同幼儿的性格特征。例如:在强调操作的互动游戏中,男孩相比女孩就会有一定的优势;而在观察、阅读一类的互动游戏中,女孩则比男孩有明显优势。

再比如,有些幼儿比较外向、强势,有些幼儿则比较内向、胆怯,这就要设计一些优势互补的合作互动方式,充分发挥不同性格幼儿的特点,以小组合作来完成操作,而评价也是以小组集体为单位评价,避免强势的幼儿独占操作。

3. 互动操作应该具有引导和指向性

在多媒体的课件制作中始终要明确的一点就是,多媒体课件是为教学活动服务的,要充分发挥多媒体课件所具有的优势,所以在做互动设计时同样要把突出重点、破解难点作为重要的考虑要素。

4. 互动设计留一些隐藏元素

如果幼儿的一个独特操作可能会带来意想不到的结果,这会让幼儿格外欣喜,这就是游戏设计里常说的"彩蛋",这样的设计会带给操作者无限的探索欲望。游戏设计者往往通过设计一些隐藏的操作,来激发游戏者不断尝试新的操作方式的动力,来增加游戏的生命力。作为多媒体课件的设计者同样可以借助这种方法,目的就是激发幼儿更为强烈的探索欲望,培养幼儿打破常规思维的习惯,无形中锻炼幼儿的发散思维。

5. 确定可行性

对当前的多媒体技术有一个大致的了解非常重要,可以明确当前的技术限制在哪里,在构建多媒体课件伊始不至于天马行空,造成后面制作中无法在技术上得以实现。

在多媒体课件的构思初期,就应该明确所涉及的动画及交互方式,这是两个受技术限制的重要方面。动画制作的常用软件就是Flash,交互动画也能够通过Flash中的内置脚本语言来实现,所以对相应软件能够实现的功能必须了解清楚。

任务三　演示型课件制作流程

教育的主要因素是人,课件的设计、制作以及运用,都应该把握住教师的主导作用和幼儿的主体作用,只有和谐地处理好教师、幼儿和多媒体课件这三者之间的关系,才能构成教学的有机整体。

演示型课件是幼儿园多媒体课件最常见的一种。演示型课件是指教师根据教学目标的要求,合理地将教学内容按照一定的组织结构制作而成的课件。对于幼儿来说,演示型课件可以极大地提高其对事物的认知。下面主要介绍使用PowerPoint 2016制作演示型课件的一般流程。

一、演示型课件的制作原则

1. 目标性原则

课件必须体现教学思想和教学目标,课件的具体呈现和实施是为教学目标服务的。幼儿园的多媒体课件虽然大都以动画故事和计算机游戏的形式出现,但课件中的所有环节都要围绕教学内容、教学目标来设计和安排,要将各种知识点合理地编排进画面内容中,并且教学内容要丰富、灵活,突出重点和难点。

2. 实用性原则

课件是一种为教学活动服务的辅助手段,根据教学设计,适当运用多媒体教学课件,创设情境,可以使学生通过多个感觉器官来获取相关信息,提高教学信息传播效率,增强教学的积极性、生动性和创造性,但并不是所有教学内容都必须制作多媒体课件。从设计的角度看,课件的实用性由选题决定,即确定哪些内容需要课件表现,哪些不必用课件表现。一目了然的内容或通过传统媒体和其他教育媒体也能达到相同效果的内容,就没必要费时费力地将其制作成多媒体课件。

3. 科学性原则

科学性无疑是课件评价的重要指标之一,尤其是演示模拟实验,更应符合科学性原则。课件中显示的文字、符号、公式、图表及概念、规律的表述应力求准确无误,语言配音也要准确。

科学性的基本要求是不出现知识性的错误。

4. 适宜性原则

学龄前儿童年龄小,较为活泼、好动,喜欢游戏,因此课件的设计应该包含游戏的成分,把活动内容通过游戏有规律地渗透于课件之中,让孩子与课件充分交互,在参与中发挥自己的能力。

(1) 文字。

幼儿年龄小,语言文字理解力弱,课件中要少用文字,多用图像、动画和声音。文字的属性设置应符合形象思维的特点,字号要大,字体宜活泼,字的颜色以鲜艳的暖色调为主。文字最好以逐字、逐行的运动形式呈现,并配上悦耳的解说或音乐。

(2) 图形、图像。

图形、图像所表达的信息远远超过文字,是课件最重要的媒体形式,也是幼儿最易感知和接受的表达方式。图形一定要清晰规整,若将图形、图像作为学习的内容时,图形、图像应尽可能大并放于屏幕的中心位置。作为背景的图像要简洁明了,颜色淡雅。这样的设计能突出主体,有利于减轻眼睛的疲劳和避免孩子注意力分散。

(3) 视频、动画。

动画画面的设计应简洁生动,构图均衡统一,色彩配置和谐明快,动作自然流畅,文字清楚醒目,动画的色调与界面整体风格相符,动画的布局合理。还要注意动画模拟必须真实、准确,动画的节奏不能太快,成分也不宜过多,否则容易影响孩子注意力的集中。每个动画也都要有目的性,不能单纯为装饰画面而动。

(4) 声音。

课件中的解说要通俗易懂,语言亲切,音色优美,多设计提问并给予及时的鼓励。同时,解说也要抑扬顿挫,节奏舒缓有度,不能太快,声音的特征要符合孩子的年龄层次,音乐要选择孩子喜爱的儿童曲目,模拟的声音要真实自然,使孩子产生身临其境的感觉。

5. 艺术性原则

一个课件的展示不但要取得良好的教学效果,而且要使人赏心悦目,使人获得美的享受。美的形式能激发学生的兴趣,优质的课件应是内容与美的形式的统一,展示的对象结构对称,色彩柔和,搭配合理,有审美性。课件展示的画面应符合幼儿的视觉心理。画面的布局要突出重点,同一画面对象不宜多,以避免或减少引起幼儿注意的无益信息的干扰。注意动物与静物的色彩对比,前景与背景的色彩对比,线条的粗细,字符的大小,以保证学生能充分感知对象。避免多余动作,减少文字显示数量,以免干扰幼儿的感知。

6. 交互性原则

交互性是多媒体课件最基本的特点。在交互式的设计中,应尽量注意教育内容的相互渗透,多设计一些提问、练习和适合幼儿操作的小游戏,促进幼儿主动学习。

7. 可操作性原则

课件的操作要尽量简便、灵活、可靠,便于教师控制。在课件的操作界面上设置含义明确的菜单、按钮和图标,最好支持鼠标的操作,尽量避免复杂的键盘操作,避免层次太多的交互操作。在设计制作课件时,要从教学的实际需要出发,注重突出操作课件的灵活性。为便于教学,尽量设置好各部分内容之间的转移控制,使其可以方便地前翻、后翻、跳跃。

二、演示型课件制作的一般步骤

(1)确定结构:根据课件内容,对演示文稿的整体组织结构进行设计。
(2)准备素材:对演示文稿中所需要的图片、声音、动画等素材进行收集和整理。
(3)初步制作:对各张幻灯片插入相应的素材对象。
(4)编辑处理:设置幻灯片中对象的相关要素(包括位置、大小、动画等)。
(5)播放预演:设置播放过程中的一些要素,确定最终的播放效果。

三、演示型课件制作案例

以下通过大班主题活动"十二生肖总动员"的案例,介绍使用 PowerPoint 2016 制作幼儿园多媒体课件的一般流程。活动过程主要包括"生肖来历我知道""十二生肖排排序""生肖成语我来找"三个环节,涵盖了文字、图形、图像、音频、视频等多种素材。素材来自全国职业院校技能大赛(高职组)"学前教育专业教育技能"赛项题库,课件由学生夏一如设计并制作完成,如图 4-33 所示。

图 4-33 "十二生肖总动员"活动课件

续图 4-33

1. 启动 PowerPoint 2016 的工作窗口

在桌面上双击 PowerPoint 2016 图标或者在【开始】菜单单击 PowerPoint 2016 图标，即可启动软件（见图 4-34）。

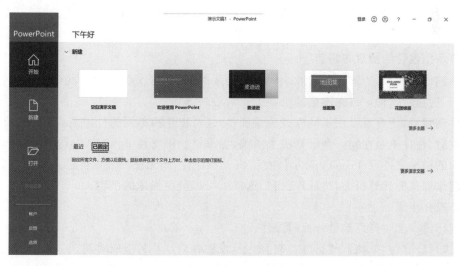

图 4-34　PowerPoint 2016 开始界面

2. 课件的建立

执行菜单【开始】→【新建】命令，在下方选择【空白演示文稿】或是模板等来建立演示文稿。在"十二生肖总动员"活动课件中选择了通过模板建立演示文稿，如图 4-35 所示。

图 4-35 幻灯片的版式

3. 素材编辑

创建幻灯片后,为了增强视觉效果,提高观者的注意力,向观众传递更多的信息,可以在每一张幻灯片上插入多种对象,例如文字、图形、音频、视频等,并且可对文字格式、段落格式、对象格式进行设置,使其更加美观。使用母版和模板可以在短时间内制作出风格统一的幻灯片。

4. 动画效果与幻灯片切换

制作了每张幻灯片中相关对象的动画效果,这样就可以动态地显示文本、图片等,对吸引幼儿注意力、引发其学习兴趣有很好的效果。同时,在幻灯片中利用动作设置,可以灵活有效地控制教学流程。

5. 演示型课件的播放与打包

课件制作完成后,为了控制各教学内容的讲解时间,设置了各幻灯片的播放时间,并且把文件进行了打包,这样可以在不同的机器上正常放映。

课件创建后,用户可以用不同方式放映课件,还可以选择不同的打印格式打印课件。课件制作完成后,往往不是在同一台计算机上放映,如果该机未安装 PowerPoint 应用程序,或者课件中使用的链接文件或 TrueType 字体在该机上不存在,则无法保证课件的正常播放。因此,一般在制作课件的计算机上,将课件打包,这样就可以避免问题的出现。

具体操作步骤如下:

(1)打开【十二生肖总动员.pptx】课件。

(2)执行【幻灯片放映】→【排练计时】命令,设置各幻灯片的播放时间。

(3)执行【幻灯片放映】→【设置幻灯片放映】命令,打开【设置放映方式】对话框。

(4)执行【幻灯片放映】→【观看放映】命令,即可看到播放效果。

(5)课件的打包:选择【文件】→【导出】→【将演示文稿打包成CD】命令,单击【打包成CD】按钮,弹出【打包成CD】对话框,进行相应设置,打包完成后,单击【关闭】按钮。

项目十四 幼儿园多媒体课件的应用

《幼儿园教育指导纲要(试行)》第三部分"组织与实施"的第二条指出:"幼儿园的教育活动,是教师以多种形式有目的、有计划地引导幼儿生动、活泼、主动活动的教育过程。"这里的"教育过程"可以说包括了幼儿在园的一切活动,是广义的幼儿园教育活动。幼儿园教育活动按特征可以分为生活活动、区域活动、教育活动;按教育内容可以分为分领域教育活动、综合主题式教育活动;按组织形式可以分为集体活动、小组活动、个体活动;按学习方式可以分为接受式学习、体验式学习、探究式学习、合作式学习等。此外,还有全园活动和亲子活动等活动形式。多媒体课件在各种类型的教育活动中应用广泛,为教育活动的开展提供了便利。

一、多媒体课件在健康领域活动中的应用

幼儿园健康教育是根据幼儿身心发展的特点,提高幼儿对健康的认识,改善幼儿的健康态度,培养幼儿的健康行为,保持和促进幼儿健康发展的系统教育活动。

(一)幼儿园健康教育活动的主要内容

1. 幼儿健康发展的特点

幼儿期是一个人身心发展的重要时期,幼儿身体的各个器官、系统处于不断发育的过程中。其机体组织比较柔嫩,发育不够成熟,机能不够完善;机体易受损伤,易感染疾病。幼儿的生长发育存在较为明显的个体差异。

(1)3~4岁。

幼儿骨化过程尚未完成,骨骼弹性大、易弯曲。肌肉力量和耐力较差。心肺系统的调节功能发育不够完善。大脑神经细胞对氧的需要量较大。大脑皮层的兴奋过程占优势,兴奋易扩散,抑制过程较弱。因此,幼儿的平衡能力、躲闪能力较差,动作不协调,易疲劳。

(2)4~5岁。

幼儿大肌肉发展较为迅速,动作发展有了明显的飞跃。肌肉力量、耐力、心肌收缩能力和肺活量有了一定的提高。动作的稳定性和灵活性逐渐增强,已能适应一定的活动量和活动时间。对气候变化的适应能力及对病菌的防御能力有所提高。由于神经系统的发育还不完善,动作的准确性和自控能力还较差。

(3)5~6岁。

幼儿动作的协调性、灵活性、准确性有了很大提高,喜欢尝试一些有难度、冒险的动作,协同活动逐渐增多。此时,幼儿大脑的抑制过程逐渐加强,减少了冲动,动作的目的性增强,自控能力逐渐提高。

2. 幼儿园健康教育活动设计

(1)幼儿园保健教育活动的设计。

幼儿园保健教育内容主要包括：

①日常生活习惯：主要包括掌握洗手、刷牙的基本方法；养成穿脱、整理衣服的习惯；会使用手帕或纸巾；坐、站、行、睡姿势正确；按时排便；养成良好的作息习惯；会整理活动用具；保持玩具清洁；关心周围环境的卫生等。

②饮食与营养：主要包括情绪愉快，愿意独立进餐；认识常见的食物，平衡膳食，少吃零食，主动饮水；按时进餐，保持清洁，进餐习惯良好等。

③身体认识与保护：主要包括了解自己身体的外形和主要器官，认识与保护五官；初步掌握换牙、护牙的知识；用眼卫生；积极配合疾病预防与治疗；具有探索生命现象的兴趣；知道快乐有益于健康，逐步学会调节不良的情绪情感，形成积极开朗的性格。

④自身安全：主要包括对日常生活中安全常识与规则的了解及遵守，在过马路、乘坐交通工具、玩大型运动器械时能注意安全；认识有关的安全标识，遵守交通规则，初步形成自我保护意识；了解应对意外事故（如火灾、雷击、地震、台风等）的常识，具有基本的求生技能。

幼儿园保健活动设计常用的方法有观察、讲解、示范、练习、游戏、表演、操作等。

(2) 幼儿园体育活动的设计。

幼儿园体育活动内容主要包括：

①基本动作发展：主要包括走、跑、跳、钻爬、投掷、平衡、攀登、翻滚等。

②基本体操和队列队形：基本体操包括徒手操（模仿操、拍手操、韵律操、武术操等）和轻器械操（球操、筷子操、哑铃操、铃鼓操、饮料罐操、呼啦圈操、棍棒操、旗操等）；队形包括动作，如集合、报数、看齐等排队方法，以及队形、变换队形的方法和口令、识别方位等。

③器械类活动和游戏：主要指大中型的固定性运动器械，如攀登架、滑梯、转椅、秋千、"宇宙飞船"、攀网、跷跷板、蹦蹦床、充气床垫、"海洋球"池等。

④形成积极参加体育活动的态度，愿意参加体育活动，积极参加户外体育锻炼，知道体育锻炼对身体发展的积极作用。

幼儿园体育活动主要采用游戏、练习、讲解、示范等方法。

(二)健康活动教育中多媒体课件的设计特点

健康活动教育涉及幼儿身体健康活动的内容，也属于幼儿的实践活动，在这种类型的活动课上，多媒体课件所起的作用主要是播放运动音乐、动画角色参与幼儿运动等，只起简单的辅助作用。

健康活动教育同时涉及一些健康、安全方面的知识教育活动，在这种类型的活动课上，是可以充分发挥多媒体课件的作用的，主要有以下几个方面的作用：①构建知识应用的虚拟环境；②制作教育中反面的动画角色形象，比如不讲卫生的小猫爱生病等；③制作互动环节，教会幼儿相应的安全、健康知识，比如教会幼儿洗手的多媒体课件。

二、多媒体课件在语言领域活动中的应用

幼儿期是语言发展，特别是口头语言发展的关键期。幼儿园语言教育活动是有目的、有计划、有组织地对幼儿进行语言教育的过程。

(一)幼儿园语言教育的重要意义及总体目标

一个人的文字语言表达能力在这个人的一生中能够发挥应有的作用，就是幼儿园语言教

育的意义所在。人的语言学习是分阶段的,毋庸置疑,婴幼儿时期是语言学习的重要阶段,在这个阶段,人人都是语言学习家。不论哪个民族,也不论这个民族的语言有多么复杂,在出生后的三年时间里,幼儿都能基本掌握自己的母语。

在幼儿园期间,语言学习进入了一个重要的阶段,这个阶段是发展语言内容、语言形式和语言运用经验的重要时期。幼儿进入小学之后,语言能力强的孩子将会得到教师更多的关注,未来良好发展的机会更大,可以说幼儿园阶段幼儿的语言发展直接影响到他整个人生的发展。

《幼儿园教育指导纲要(试行)》明确规定,幼儿园语言教育的总目标是:

①乐意与人交谈,讲话礼貌;

②注意倾听对方讲话,能理解日常用语;

③能清楚地说出自己想说的事;

④喜欢听故事、看图书;

⑤能听懂和会说普通话。

(二)幼儿园语言教育活动的主要内容及教育策略

在幼儿园语言教育活动中,要着力体现以下的教育策略:

(1)创设环境:要创造一个自由、宽松的语言交往环境,引导、激励、支持幼儿与其他人交谈,并体验语言交流的乐趣。培养幼儿积极主动交流的愿望、态度和能力。

(2)培养倾听习惯:倾听是一个人不可缺少的一种行为能力和素养,乐于倾听并且善于倾听的人,更善于人际交往,能够与他人建立良好的人际关系,这直接影响着一个人的发展。必须明确地知道,良好的倾听习惯也是在幼儿时期形成的。

(3)引导幼儿接触优秀的儿童文学作品:尽可能地给幼儿创造学习童话、故事以及儿童类歌曲、诗、散文等文学作品的机会,通过各种方法引导促使他们想象文学作品创设的丰富情景,感受理解作品里各种人物的个性和情感特征,并能用自己的语言进行复述。

(4)早期阅读能力培养:利用图书、绘画和其他多种方式,引发幼儿对书籍、阅读和书写的兴趣,培养前阅读和前书写技能。必须明确的是,一定不能将识字作为主要目的。早期阅读的主要作用是帮助幼儿从口头语言向书面语言过渡做前期准备。

(5)提供普通话的语言环境:一般来说,幼儿园教师必须拥有普通话二级甲等证书,但不能不承认多数的幼儿教师并不能够说一口标准的普通话,这样,创造一个标准的普通话语言环境,帮助幼儿熟悉、听懂并学说普通话的任务,很多时候就要落到多媒体课件上。

(三)多媒体课件在语言教学领域里的设计要点

1. 语言领域教学策略与多媒体课件设计的关系

教育活动的策略的确定,也就确定了多媒体课件在活动中的作用。在幼儿园语言教学活动中,往往都会采用的教学策略是:

(1)创建良好的语言环境。

这个环境就是让幼儿有愿意倾听、想说敢说的强烈意愿。确定了这个教学策略,实际上也就等于敲定了多媒体课件所承担的任务,那就是设计好的情境、幼儿喜闻乐见的动画角色与激励幼儿参与交流的互动评价。

(2)教学活动环节安排的引导性。

每一堂语言课都应该有明确的教育目标,但目标的达成一定不是一蹴而就的,必然是将目标划分成几个阶段,由浅到深、由简到繁、由易到难逐步递进。每一个阶段就是一个相对独立的教学环节,各环节之间又相互紧密连接。在多媒体课件的设计上,就要注意前后环节的逻辑关系、难点铺设及内容安排对幼儿思维的引导。

(3)互动设计的兼顾性。

每一个幼儿在性格、知识储备、生活经验等方面都存在差异,必然导致了在同一个活动课上的不同表现,所以教师在多媒体课件的互动设计上要充分考虑到这些差异,注意发挥每个幼儿的特长,让幼儿在活动中都能充分体现自我。

2. 语言领域教学活动多媒体课件设计的共同要点

幼儿园的语言教学领域大体分为五种活动类型,分别是文学活动、谈话活动、讲述活动、听说游戏、早期阅读。

五种活动类型的共同之处在于都要激发幼儿参与活动的积极性和主动性,情境创设是重要的方法之一,所以在多媒体课件的设计上,创建一个符合幼儿心理的情境,是将幼儿带入到活动中的良好开端。

实践体验也是幼儿语言学习的重要方法,良好的互动设计能激发幼儿的参与兴趣,加深幼儿对活动内容的理解和记忆。

低强度的竞争能激发幼儿的活力,但要注意保护幼儿的信心,在活动中让幼儿总有某个方面能取得优势。

多样的互动评价,能让幼儿参与活动之后获得满足感和成就感,增强下一次参与活动的动力,形成"参与—成功—参与"的良性循环。

3. 不同活动类型多媒体课件设计的差异点

之所以将语言活动划分成五种类型,是因为每一种活动的侧重点存在差异。在五种类型的活动设计上,必须明确各个类型活动的重点内容。比如:文学活动中的故事活动,是以培养幼儿的理解能力作为主要目标的;以谈话活动来说,是以培养幼儿语言表达能力为主要目标的;讲述活动是以培养幼儿的倾听能力、语言组织与独自表达能力为目标的。各种类型活动的侧重点并不相同,必然在活动环节设计上有所不同。

在以培养幼儿理解能力为重点的故事活动课上,多媒体课件应在情境创设上下功夫,让幼儿在情境中明白整个故事中角色、事件之间的相互关系以及这些关系是以怎样的语言方式表达出来的。

在以培养幼儿语言表达能力的谈话活动中,首先应该鼓励幼儿多讲,在多讲的基础上来逐步提升语言表达的能力。在多媒体课件中设计活泼可爱的动画角色,让这些角色来鼓励幼儿互相交流,往往会起到意想不到的作用。

在当今比较流行的绘本教学活动(就是以前的看图说话)中,需要幼儿语言多方面能力的综合应用,既有幼儿对绘本故事的理解,也有幼儿对绘本故事语言的再整理以及通过自己的语言对绘本故事进行复述。因而在课件设计上,也是多种手段同时应用,来达到最好的教学效果。

三、多媒体课件在社会领域活动中的应用

幼儿社会性的发展是在社会环境的影响下,在与周围的人的交往中逐步实现的。幼儿的社会认知和社会性行为必须经过体验、内化才能真正形成。模仿是幼儿社会学习的重要方式。

(一)社会认知对儿童社会化的重要意义

1. 幼儿亲社会行为培养与社会认知密切相关

首先,社会认知的核心体现的是幼儿社会相关认知能力的发展,包括情绪情感认知、他人整体认知、社会关系认知以及社会规则认知等。幼儿通过学习获得相关的行为准则,然后逐步内化并应用于自主调节社会行为,为其将来形成良好的信念与行为品质奠定坚实基础。其次,亲社会行为表现在幼儿运用社会认知教育中所形成的行为准则建构和形成良好的人与人、人与社会之间的关系。所以社会认知培养有助于促进幼儿个体社会化的成功,为幼儿成长为"体、智、德、美"全面发展的合格人才做准备。

2. 幼儿社会化进程与社会认知发展密切相关

幼儿自我的发展是幼儿社会认知发展以及其社会化进程的重要基础,3~6岁是幼儿个性倾向开始萌芽的时期。4岁幼儿经常用自己的情感需要代替他人的情感需要,而5~6岁幼儿已经能够从对方角度较为客观地体验他人的情绪情感。所以情绪情感认知的发展有助于促进幼儿的社会化进程。5~6岁幼儿开始关注他人的物质利益与情感需要,在具有公正权威的重要他人的行为和语言指导下,他们能通过移情和体验习得社会公认的行为准则。这正是幼儿获得道德规则与习俗规则的认知发展基础。

(二)幼儿社会教育活动的目标及内容

幼儿社会教育活动的目标包括:

1. 主动参与各项活动

愿意按照自己的意愿选择并参与活动;能初步表达自己的情绪、需求;能积极在活动中发表自己的见解;能够学习正确评价自己和他人并正确看待别人的评价;有好奇心和解决问题的意愿,积极参与活动并体验成功。

2. 愿意与他人交往并掌握与他人交往的技巧

乐意与他人交往,分享食物和玩具;初步掌握与他人交往的策略;学习互助、合作和分享;有同情心,愿意帮助弱小同伴和有困难的他人。

3. 初步建立社会行为规则意识

能够按规则进行游戏或其他活动;初步掌握制定自己生活、学习、游戏规则的技巧;逐步养成按规则进行活动的习惯;知道规则的重要性。

4. 建立初步的责任意识,树立自信心

做事有信心,养成认真做事的习惯,尽可能地自己解决遇到的困难;建立初步的责任意识,承担自己的社会角色责任;能有始有终地完成一件事;遇到克服不了的困难时会用适当的方法求助于他人;学会照顾自己。

5. 形成初步的道德情感意识

知道自己与家人的关系,感激父母的养育之恩;初步形成爱祖国、爱家乡的情感;尊重他人的劳动,知道他人的劳动与自己生活的关系;开始对传统文化、民俗等内容感兴趣;愿意接触其他国家、民族的人,了解他们的风俗习惯。

幼儿社会教育活动的内容包括:幼儿自信心培养、人际交往策略、规则意识建立、民俗文化感知和幼小衔接等内容。

(三)社会活动中多媒体课件的设计要点

社会教育活动主要是以场景模拟与幼儿参与体验为活动方法的,因而多媒体课件的主要设计方式是构建情境。在民俗文化认识上,则多以图片、视频展示方式为主。

四、多媒体课件在科学领域活动中的应用

(一)幼儿数学教育的重要性及数学活动教育的主要内容

1. 幼儿数学教育的重要性

数学是自然科学的基础,是科学的语言,是学习科学技术的钥匙,而在日常工作中经常用到的是计算,计算是人生必备的三大能力之一。随着知识经济、数字化信息时代的到来,数学在当今的技术社会、信息社会里,已经成为众多工作岗位的先决条件、就业机会的敲门砖。一个人的数学能力将制约他的发展潜力。通过数学学习训练出的思维清晰的智力和独立思考的习惯,成为人们应对不断变化的日常工作,驾驭行业不断更新的信息化、数据化的工作方式必不可少的素质。越来越多的幼教工作者和幼儿家长认识到,培养幼儿计算能力绝不仅仅是为了满足升学的需要,它还是一个人未来发展的重要素质之一,是谋生的基本需要。

2. 幼儿数学活动教育的主要内容

第一是数的概念与运算,包括:10以内的数(基数、序数、数的实际意义、数量的比较与守恒、相邻数、单双数、零等);数数(唱数、手口一致点数、目测数、按群数数等);书面数符号(数字的认读、书写与表征);数的组合与分解;10以内数的加减运算等内容。

第二是集合与模式,包括:集合(集合中元素多少的比较,集合的交、并、补、差关系和包含关系,这是形成数概念、进行数运算的基础。教学主要包括区别一和许多、一一对应等);模式(排序是模式的一种,也是模式的根本。模式不限于视觉的呈现,还包括声音、动作等呈现方式)。

第三是分类与统计,包括:分类(一维特征、一维以上的特征、层级分类等);统计(在分类基础上初步学会用简单的统计对资料做出分析,能看懂和学习用实物图示、图表和数符号等记录方式表征统计结果)。

第四是几何形体,包括:平面图形,圆形、正方形、三角形、长方形、半圆形、椭圆形、梯形;立体图形,球体、圆柱体、正方体、长方体,以及形体之间的关系与等分。

第五是量的比较及自然测量,包括:比较大小、长短、粗细、高矮、厚薄、宽窄、轻重、容积等量的差异;感知量的守恒、量的相对性和传递性;自然测量(能利用自然物作为量具来测定物体的长短、高矮、宽窄等)。

第六是空间和时间,包括:空间方位,上、下、前、后、左、右、里、外、远、近等;空间运动方向,向前、向后、向左、向右、向上、向下等;区分早晨、晚上、白天、黑夜、昨天、今天、明天、星期、年月等名称及顺序;认识时钟,长针、短针及其功用,认识整点和半点。

(二)掌握各种数学教育活动的特点和设计要求

掌握幼儿数学教育活动的特点,首先要明白幼儿是怎样学习数学的,是靠记忆还是靠理解,这个问题的答案直接导致人们对幼儿的数学教育采取不同的策略。长期的幼儿教育经验告诉我们,幼儿学习数学需要记忆,但必须是通过理解来学习。以幼儿数数为例,会数数只是一个表象,在这背后,是幼儿的对应、序列、包含等逻辑观念和抽象思维能力的发展。幼儿通过

无数次具体的计数经验,逐渐脱离具体的事物,最终达到抽象的理解。

其次,幼儿的数学学习和思维发展关系密切,幼儿学习数学需要具备一定的逻辑观念和抽象思维的能力,这些思维能力的建立往往与他们的生活经验有密切的联系,所以幼儿数学教育活动要指向幼儿的思维发展,数学知识只是幼儿思维发展的载体,而不是追求的唯一目的。幼儿数学教育要体现"为思维而教"的教育原则,而幼儿的相应数学逻辑思维的建立,与幼儿的生活经验以及大量的数学实践密不可分,故数学活动课的多媒体课件设计上一定要把握两个要点:一是与幼儿的实际生活经验紧密结合;二是以儿童数学实践互动作为重要环节组成。幼儿数学的特点就是立足具体经验,指向抽象概念。

最后,生活是幼儿数学知识的源泉。幼儿的数学知识来源于他的实际生活。幼儿在生活中遇到的是真实、具体的问题,真正是他"自己"的问题,因而最容易被幼儿所理解,解决起来也比大人给他的那些问题容易得多。比如对钱币的认识,只有幼儿实际进行反复的钱币与货物兑换行为,才能逐渐建立货币面值与商品价值的等量关系,进一步抽象为数量对应关系。同时,当幼儿真正有意识地用数学方法解决生活中的问题时,他们对数学的应用性也会有更直接的体验,从而真正理解数学和生活的关系。

(三)不同类型数学教育活动多媒体课件的设计要点

对于数的认识这个部分的数学教育活动内容,多媒体课件的设计应该多偏重于互动操作,从图形对象分与合逐渐抽象到数字的加和减,也可以将实物道具与多媒体课件相结合。比如手口一致点数,可以设置分组竞赛,幼儿在点清实物的数量后跑到屏幕前点击相应的数字(需要触屏的多媒体显示终端),然后跑回来换第二个小朋友继续进行,既完成了点数的训练,同时也强化了对数字符号的认识。

在集合与模式部分的数学教育活动中,先用容器,如盆或箱,将同样的小物体比如玻璃球、围棋子等实物分别装起来,初步形成集合(整体)概念,再逐步抽象到利用多媒体课件动态展示一条线将一些事物圈起来,帮助幼儿形成集合初步认识。

在分类和统计这部分数学教育活动中,开始应该使用实物道具,但随着幼儿认识的逐步加深,就可以利用多媒体课件来进一步加强幼儿的分类思想,因为多媒体课件能够展示比实物道具更多的分类标准——颜色、形状、属性、用途等。

在几何形体的认识内容上,应该以实物道具教学为主,后期的几何形体等分的内容则可以借助多媒体课件。

在量的比较和自然测量的内容上,应该以幼儿的实践活动为主,尽量少用多媒体课件。

在空间与时间数学教育活动内容上,多媒体课件应该应用于幼儿初步建立了相关概念之后的进一步提升与抽象。比如对时间的认识,以幼儿的生活经验,他们很容易区分早上、晚上、白天、黑夜,但像昨天、今天、明天、后天、星期、年月这些概念就相对困难些,涉及的时间段越长,难度越大,而多媒体课件则能够压缩时间,轻而易举在一分钟内实现四季的变化。

五、多媒体课件在艺术领域活动中的应用

(一)幼儿音乐(舞蹈)教育活动课件设计要点

1. 幼儿音乐(舞蹈)教育活动的目标及内容

(1)歌唱的内容,包括:唱歌姿势、呼吸方法、发声方法(自然声音)、音准、节拍、表情、动

作等。

(2)韵律活动的内容,包括:根据音乐的性质、节拍、速度等因素,让幼儿有规律、反复做一些动物的动作,或者是人在日常生活中的各种动作;配合音乐做动作,来塑造形象或表达某一主题,以此来表达幼儿对音乐的感受。活动内容有集体舞、童话歌舞或幼儿自己创编的舞蹈。

(3)其他节奏活动,包括:通过各种不同的形式,如拍手、跺脚、扭动身体、击打物品以及其他一些活动,训练幼儿的节奏感(人体节奏、语言节奏、节奏读谱)。

(4)音乐欣赏内容,包括:让幼儿倾听各种声音,比如人发出的声音、日常用具的声音、自然环境中的声音等;培养幼儿的声音分辨能力;幼儿对音乐要素中的力度、速度、音色、节奏、旋律等内容的感知能力培养。

(5)节奏乐活动,包括:掌握几种简单打击乐器正确的敲击方法,具有初步的协调配合能力,同时也起到训练儿童节奏感的作用。

(6)音乐游戏活动,包括:在听听、唱唱、动动、玩玩中掌握一定的音乐知识,提高音乐能力。

2. 不同类型音乐(舞蹈)活动多媒体课件的设计要点

对于音乐教育活动中歌唱的内容部分,多媒体课件可以用来弥补教师自身演唱或键盘弹奏能力的不足,也可以构建一个与幼儿互动的动画角色来激发幼儿参与歌唱的主动性。

对于韵律活动的内容,多媒体课件的设计主要在于以动画角色充当示范者,教给幼儿相应的动作,同样可以起到激发幼儿主动参与到韵律活动之中的作用。

对于其他节奏活动,主要是以幼儿的身体体验为核心,如果没有配合多媒体课件的音乐播放、让幼儿进行身体感知的多媒体互动设备(如曾经流行的跳舞毯之类的设备),则完全可以不使用多媒体课件。

在音乐欣赏的内容上,多媒体课件多用来构造与所欣赏音乐相关的场景,起到明确音乐的主题作用,尽可能多地向幼儿展示相应的事物所发出的不同声音,给幼儿以直观的感受。多媒体课件在这里的优势就体现在不受地域、时间的限制,将更多的幼儿实际生活中不曾听到的声音展示出来。

在节奏乐活动中,多媒体课件的作用主要体现在给幼儿的示范,具有可重复性,能通过慢动作展示打击乐的演奏方式,随时调整音乐的速度,在幼儿开始不熟练时能够缓慢播放,让幼儿模仿。

音乐游戏活动的内容,在多媒体课件的设计上必然就少不了游戏的设置,让幼儿在互动活动中体验音乐的美好,逐步学习一些音乐知识。例如,先通过多媒体课件将具有某些特征的音乐与动物或其他角色对应起来,然后设计根据音乐猜谜的互动游戏,来培养幼儿的音乐角色意识。

(二)幼儿美术教育活动课件设计要点

1. 幼儿园美术教育活动的内容

幼儿园美术教育活动,包括绘画、手工、美术鉴赏三大内容。

(1)幼儿绘画教育。

绘画教育活动是教师引导幼儿使用各种绘图工具,如蜡笔、油画棒、彩色水笔、彩色铅笔,以及铅画纸、宣纸、白报纸等,运用线条、造型、色彩等艺术语言创造出视觉形象,从而表达幼儿思想、情感的一种活动。

具体内容包括：认识并学习使用各种绘画工具和材料；学习线条、色彩、造型的技法，来表现自己的感受和想象。重要的是认识和学习绘画的形式语言。在学习过程中逐步掌握正确的绘画姿态、握笔方法，养成集中精力绘好一幅画等好习惯。

(2) 手工制作教育。

手工制作教育能极大地发展幼儿的感觉感知能力、手眼协调能力等，使幼儿的小手更灵巧，想象力和观察力得到很大的提升，同时也培养了幼儿的创造能力与审美能力。具体包括幼儿徒手或借助简单工具，如剪刀、泥工板、切片刀、胶水等，运用折叠、粘贴、切割、拼合等加工、变形手段，使物质材料（沙子、纽扣、种子、绳子、吸管、树枝、纸、布、树叶、泥、植物根茎、纸盒等）形成具体形象的造型活动。幼儿在塑造和制作活动中，锻炼手部肌肉和手眼协调能力，培养干净、整洁、有序等良好的手工活动习惯。

(3) 美术鉴赏教育。

信息时代的重要特征就是拉近了空间距离，缩短了时间长度，其意义就是，我们虽然尽可能地让幼儿去接触真实的世界，了解事物随时间的发展变化，但总有无法企及的距离和难以跨越的时间，这一切在多媒体计算机上都不是问题了。无论世界的任何一个角落，还是一年四季任何一段时间的变化，都可以被艺术地浓缩在幼儿所能认知的范围内，让孩子多欣赏、多观察，并在欣赏中不断地内化为自己的审美观。

2. 美术教育活动中多媒体课件的设计特点

美术教育活动是幼儿的实践活动课，这种课型应该以幼儿的自主活动作为主体，多媒体课件能够发挥作用的地方并不多，主要体现在以下几个方面：

(1) 重复展示较为复杂的操作，帮助幼儿反复学习。

(2) 用于活动前的情境建构，比如先构造一个虚拟故事（最好不要出现具体的角色形象，避免限制幼儿思维），然后要求幼儿制作故事中的角色，并按照故事情节，利用制作好的角色造型为其他幼儿复述故事。

(3) 利用较为先进的平板电脑，直接制作绘图软件，让幼儿在平板电脑上进行绘图操作。

第一种课件形式，教师可以事先进行操作，并将成功的操作录制下来（课堂操作并不能保证每次都成功或情况一致），对制作人员的要求并不高。第二种课件则要具备一定的动画制作能力，当然也可以和具有这种能力的教师合作。第三种课件是难度最大的，不过教师可以借助一些专门的绘图软件，当然这些软件应该是专门为幼儿开发的。

不管何种多媒体课件的设计思路，其根本核心在于利用幼儿的认知、情绪等特征，起到提高教学活动效率的作用，所以必须发挥多媒体课件所具有的优势，而不是为了用多媒体而用多媒体。

项目十五 优秀作品展示

扫码欣赏幼儿园多媒体课件制作优秀作品：

百变图形
（周培）

春天在哪里
（阮淑娟）

春天在哪里
（夏一如）

端午节
（张书芮）

海洋的奥秘
（胡宛红）

绿树叶
（郭苗）

漂亮的叶子
（田书琪）

十二生肖总动员
（夏一如）

数字7的分解
（毛琪）

四季之美
（李浩然）

我的大摇篮
（周彬倩）

小小雨点
（陈晓楠）

叶子的故事
（熊玟迪）

叶子
（周江楠）

影子的秘密
（陈晓楠）

有趣的叶子
（胡源）

元宵节
（阮淑娟）

做个健康乖宝宝
（郭周）

 **实践活动**

按照全国职业院校技能大赛(高职组)"学前教育专业教育技能"赛项的要求,设计主题为"十二生肖"的保教活动课件。

 **内容导图**

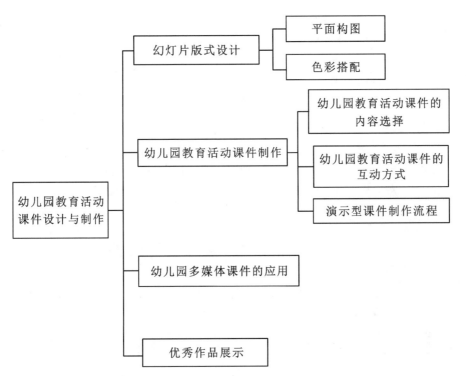

同步练习

一、名词解释

点　线　面　色相　明度　纯度

二、论述题

1.试论述幼儿园教育活动课件设计的基本原则和流程。

2.试论述幼儿园多媒体课件在幼儿园教育活动中的应用。

参 考 文 献

[1] 方斌,徐华勇.实用学前教育技术[M].武汉:华中科技大学出版社,2014.
[2] 南国农.中国教育技术发展概述[J].现代远距离教育,2010(5):17-18.
[3] 祖国强.幼儿园多媒体课件设计与制作基础[M].上海:复旦大学出版社,2011.
[4] 敬勇,冯玉华.幼儿园多媒体教学与课件制作[M].长沙:湖南师范大学出版社,2018.
[5] 唐阿君.编排设计[M].南京:江苏凤凰美术出版社,2015.
[6] 董小龙,李文红,梁伟.构成基础(平面构成)[M].上海:上海交通大学出版社,2012.
[7] 吴烨.版式设计与实训[M].沈阳:辽宁美术出版社,2009.